渋沢栄一『論語と算盤《そろばん》』が教える人生繁栄の道

Shoichi Watanabe
渡部昇一

致知出版社

まえがき

百年に一度のツナミのような金融危機、経済危機が世界を襲っていると、アメリカの金融の中心に長いこと君臨していたグリーンスパン氏もいっている。これは一九二九年の金融恐慌と同じくアメリカ発のものであるが、アメリカが世界に迷惑をかけたことをお詫《わ》びしたという話は聞いていない。本当に反省してはいないといえよう。

金融は金融工学の生み出したデリバティブと称する商品に振り回された。その支えになっている経済理論がノーベル経済学賞を受賞している経済学者たちによってつくられたものにせよ、致命的な欠陥があったのだ。それは「倫理」あるいは「道徳意識」の全《まった》くの欠如である。

何年か前にもノーベル経済学賞を受賞した経済学者たちが関係した金融機関の崩壊があった。その後エンロンという大企業が破綻《はたん》して世界中に迷惑をかけたが、それは一流の会計監査法人と共謀《ぐる》になった詐欺《さぎ》だった。

今回のサブプライムローンに発する問題も、絶対にローンを組ませてはならないような人々にローンを組ませ、それを証券化して世界中に売りさばいたことに発するのである。いくら金融工学的に繕《つくろ》ってみたところで、基本には詐欺師の発想があったのである。グローバル化ということで、アメリカの大詐欺的事件がグローバル化したという構図になる。

一方、中国共産党政府は「黒い猫でも白い猫でも鼠《ねずみ》を捕るのがよい猫だ」という反共産主義的な、初期資本主義的強欲容認の開放政策を推し進めてきた。批林批孔《ひりんひこう》といって孔子の像までぶちこわした政権が、さすがに近頃は反省して孔子を振り回し始めた。


経済の発展期には、経済を拡大し利益を拡大することにのみ関心が向いて、道徳や倫理が忘れられることもあるのである。今のアメリカや中国がそうである。

しかし、近代的資本主義が西欧やアメリカで発達したとき、そこにはマックス・

ヴェーバーが指摘したようにプロテスタントの倫理観が働いていた。十九世紀から二十世紀前半までのイギリスの商人や銀行の信用が高かったのもそのためである。またアメリカでワスプ（WASP）――ホワイト・アングロ・サクソン・プロテスタント――といわれた人々は、信用ができることで尊敬されていた。開国した頃の日本人が、英国紳士やアメリカの実業家を尊敬したのは、単に彼らの経済力のためだけではなく、「信用できる」という彼らの倫理性、道徳性のためだったのである。

明治の開国は、日本に富国強兵であることを必要とした。その「富国」の政策は当然資本主義である。巨富を獲る可能性が眼前に現出したとき倫理も道徳も忘れて突進する者が多く出るのは当然であった。

そんな時代の日本の経済界に渋沢栄一のような人が現れたのはなんと幸せなことだったろうか。彼は道徳と経済は互いに反するものでなく、車の両輪の如《ごと》くあるべきものだという不動の信念を持っていたのである。

渋沢は明治二十七年に『雨夜譚《あまよがたり》』を出版させた。これは主として身うちの者を相手に昔語りをしたものの筆記録である。そのはし書きに彼はこう書いている。

「おのれ別に人にすぐれし才芸あるにあらねど、ただこの年月、一つの真ごころをもて、万《よろ》ずの事にあたりつれば、かの一信万軍に敵すの古諺《こげん》の如く、何事につけても、さのみ難きを覚えず、何わざをとりても、さばかり破《やぶ》れはとらざりき……」（傍点渡部）。そしてその「はしがき」の終わりに次の和歌を掲げている。すべて平仮名であるが、読みやすいように漢字を入れてみよう。

譲《ゆず》り置《お》く　この真心《まごころ》の　一つをば
亡《な》からむ後《のち》の　形見《かたみ》とも見《み》よ

渋沢が子孫に残して置きたいものは、一つの真心、それは「心に恥《は》じ身に疾《やま》しき事とては秋毫《しゅうごう》の末《すえ》もあらず」という倫理道徳上の自信であった。

渋沢の人生観を要約すれば、彼の著書のタイトルにもあるように「論語と算盤」であろう。日本最初の銀行をつくり、揺籃期《ようらんき》の近代産業のほとんどすべての育成に関与した渋沢は、大財閥をつくることも可能であった。彼は息子の渋沢秀雄らにこう語ったという。「私がもし一身一家の富むことばかりを考えたら、三井や岩崎にも負けなかったろうよ。これは負けおしみではないぞ」と。

長幸男氏の『雨夜譚』の解説によって計算すると、その財産は次のようなものであった。

三井十一家の共有株式　三億六千二百八十万円
岩崎五家の保有株式（三菱本社のみ）　一億一千四百十万円
渋沢同族株式会社（払込金では）　六百二十五万円

渋沢がその気になれば、三井・岩崎に劣らぬ財閥になれたであろうということは、誰でも認識していたことであった。そうならなかったのは、彼は自分の儲けになることを、国家・社会のために他人にどんどん分け与えたからである。したがって彼の公平は彼の威信となった。金融・経済界の押しも押されもせぬ大御所《おおごしょ》として尊敬されたのである。彼の振り出した手形を現金化せずに持っており、渋沢の名の手形を持っていることを誇りにしている経済人もあったという。

彼に対する当時の国家の評価もさすがに別格で、三井や岩崎の男爵よりも高い子爵を与えたのであった。

今年は『論語と算盤』の初版の忠実なレプリカも東京商工会議所によって復刊された。その内容の「さわり」と思われるところを紹介したいという致知出版社の藤尾秀昭社長のご提案によって本書ができることになった。原稿の作成・整理に当たっては同社の柳澤まり子専務、番園雅子氏のお世話になった。厚く感謝する次第である。

平成二十一年三月吉日

渡部昇一

渋沢栄一『論語と算盤』が教える人生繁栄の道 ● 目次

第二章 一生の志を立てる――立志と学問

第三章　正しい判断力を身につける――常識と習慣

第四章　正しい富の使い方――仁義と富貴

第五章　本質を見る目を養う――理想と迷信

第六章 いかにして自分を磨くか――人格と修養

装　　幀―川上成夫
編集協力―柏木孝之

プロローグ

渋沢栄一は自らの意志で大蔵省から民間に下る覚悟を決めたとき、幼年時代に学んだ『論語』の重要性に改めて目覚め、それをもとに処世術を考えようと決心します。

それまでは、商業に従事する者は儲けるのが一番の目的で、官吏は国を動かそうという志があればいいと単純に思っていたのですが、いざ自分が商業を行うとなると、商業にも志が欠かせない、「士魂」と「商才」とが一致しなければ決して成功できないと気づいたのです。

渋沢は考えました。『論語』は教養として学ぶべきものではないし、漢学者になるために学ぶだけのものでもない。そういう目的で学ぶ『論語』は空論でしかないのだ、と。

では『論語』を学ぶ意義はどこにあるというのでしょうか。

彼は、実社会の中で『論語』の教えを生かしてこそ価値があると結論を出すのです。もともと『論語』とは、人間が生きるうえで肝要でしかも役に立つ教訓を易《やさ》しく教えているもので、それを難しくとらえるようにしたのは学者たちである。そんな小難しい、学問としての『論語』ではなく、日本の発展に生かしていくために『論語』を学ばなくてはならない、と。

日本が近代国家として成長するために、富国強兵は絶対条件でした。しかし、富を増やすためなら手段は問わないという、道なきやり方では決して長続きしないだろうと渋沢は思いました。正しい手段で、誰にも後ろ指をさされることのないやり方で富国を図らなければならないと考えたのです。

あるいはそのとき、彼は少年時代に代官所で味わった屈辱を思い出していたのかもしれません。

渋沢の生家は武蔵国榛沢《はんざわ》郡血洗島（現在の埼玉県深谷市血洗島）の豪農です。父親の代に名字帯刀を許されたというほどの名家で、それゆえに彼は幼少の頃より『論語』

をはじめとするシナの古典に親しむことができたのです。

そんな渋沢に一生を左右する事件が起こったのは十七歳のときでした。父親の名代として代官所に出向いた彼は、代官から御用金名目で五百両という大金の献金を求められます。当時の大名はときおり領内の金持ちからこのような形で金集めをしていたのです。

渋沢は「今日は父親の代わりなので即答はできません」と極めてまっとうな返事をしますが、代官は「十七にもなって親に相談するとはなんだ。この場で引き受けろ」と無理強いをします。それでも承知できないとつっぱねたため、代官から侮蔑《ぶべつ》的な言葉を浴びせかけられ、ずいぶんなじられたようです。

その場では我慢したものの、家に着いたときには顔色が変わっていたというほど憤りました。この出来事は彼を倒幕運動へと駆り立てるきっかけとなりました。

権力を笠《かさ》に着て無礼千万な態度で金を無心するあの代官のようには決してなりたくない――商売を始めるとき、彼の心のどこかにそんな気持ちがあったのかもしれません。だからあえて当時権威の高かった官吏をやめて民間に入り、正義廉直の武士道の精神で、正々堂々と富をつくる実業の道を拓《ひら》こうと考えたのでした。

その彼のかたわらには『論語』があったのです。幼年時から『論語』に親しんでいた彼は、『論語』の精神を実業に生かせば自らの望みが達せられるにちがいないと閃《ひらめ》いたのです。そうした目で『論語』を勉強しなおしてみると、それは宝箱そのものでした。

こうして経済と道徳の両立を唱える彼の「論語と算盤《そろばん》」という哲学が生まれたのです。

渋沢栄一はその生涯で五百以上の銀行・企業に関与したといわれます。彼が関係していない日本の重要産業はないといってもいいほどで、渋沢の遺伝子を受け継いだ企業群が日本を牽引《けんいん》し、世界有数の経済大国に押し上げたのです。

しかし、近年、日本の経済力に翳《かげ》りが見え始めています。渋沢が生きていたら、憤慨し、慨嘆するようなモラルを欠いた出来事が、企業の規模を問わず、毎日のように起こっています。信頼、信用ある企業活動を訴え続けた渋沢栄一の「論語と算盤」の精神が失われつつあるのです。

企業モラルの崩壊は、利益が上がらないという以上に大きな問題でしょう。その意味で、日本経済は深刻な危機に直面しているといっていいと思うのです。

だからこそ、今、経済大国日本のスタート地点に立ち、孤軍奮闘して実業界を育て上げた渋沢栄一の声に耳を澄ませてみたいのです。

彼が何を思って実業の世界に身を投じたのか。どうすれば、正しく尊敬されるやり方で豊かになれるのか。彼がそれをどのように実践してきたのか。仕事に就くすべての日本人に知ってもらいたいと思うのです。

この『論語と算盤』は渋沢が講演などで語った内容をまとめたものです。そのため重複も多々見られ、また日露戦争以後の社会状況を踏まえた内容であるため、現代人にはピンとこない部分も見られます。

これから『論語と算盤』を読んでいくに際しては、渋沢栄一の主張する趣旨を大きくとらえ、そこから現代に生きる我々が傾聴するべきポイントを取り出して、それにコメントをつけるような形で進めていくことにします。

第一章　処世と信条

『論語』が教える人生訓

『論語と算盤』は「処世と信条」という章から始まります。ここでは世を渡るに際してどのような心持ちで臨むべきかをテーマに、「士魂商才」を掲げた渋沢栄一の実業へ賭ける思いが述べられています。

「論語と算盤」という言葉がどのようにして誕生したのか。まずそのあたりから見ていくことにしましょう。

1 「論語＝道徳」と「算盤＝経済」は必ず一致する

「論語と算盤」という言葉は、渋沢栄一の思想の根底を一言で示すものとして、しばしば使われます。

しかし、彼がこの言葉を大いに使いはじめたのは老年になってからで、きっかけは七十歳になったときに友人がつくってくれた画帳にあります。その画帳の中には、『論語』の本と算盤、シルクハットと朱鞘《しゅざや》の大小の絵がそれぞれ対になって描いてありました。

この絵には意味があります。まず『論語』は道徳の象徴であり、算盤は経済の象徴です。それからシルクハットは西洋の制度の象徴であり、朱鞘の大小は日本精神を象徴するものです。おそらく渋沢の精神と生き方を熟知していた友人が、それらを取り合わせて絵に描いたのでしょう。この友人の名は『論語と算盤』の中には記されていないのですが、なかなか素晴らしい着想です。

ある日、中洲三島毅《ちゅうしゅうみしまき》（中洲は号）という学者が渋沢宅を訪れました。この人は備中松山藩（現在の岡山県高梁市《たかはし》）の出身ですが、理財論で有名な陽明学者山田方谷《ほうこく》に学んだあと、伊勢・津藩の斎藤拙堂《せつどう》、江戸・昌平黌《しょうへいこう》の佐藤一斎や安積艮斎《あさかごんさい》といった人たちに学んで漢学者となりました。その後、高梁藩（備中松山藩から改称）の藩校「有終館」の学頭を務め、維新後には、現在の二松学舎大学の前身となる漢学塾二松学舎を開きました。さらには東京帝国大学の教授や東宮侍講・宮中顧問官などにも就いている人物です。

この三島先生が例の画帳を見て、「自分（三島）は『論語』の専門家であり、おまえ

（渋沢）は算盤の専門家である。算盤を持つ人がこのような本を論ずる以上、自分も算盤を大いに講究しなくてはならない」といって非常に面白がったといいます。そして、「道理と事実と利益と必ず一致するものである」といい、それをいろいろな例証を交えて文章にしてくれたそうです。

それは渋沢自身、前々から確信を持っていた考えでしたから、大いに意を強くし、「論語と算盤という懸け離れたものを一致せしめる事が、今日の緊要の務と自分は考えている」といって、以後、二言目には「論語と算盤」の必要性を訴えるようになったというのです。

渋沢は当時の日本の状況を見て、富国が欠かせないものと考えていました。しかし、その富を成す根源には仁義道徳、つまり正しい道理の道がなければならず、それを抜きにして富を築き上げたとしても、永続できるものではないといっています。

これが当時にとどまらず、現代にも通じる教えとなっているのは、近年の経済界で起こるさまざまな不祥事を見ても明らかでしょう。渋沢栄一の精神が今、改めて注目されている理由もここにあります。

2 「士魂商才」――武士的精神も商才も『論語』によって養える

今では〝学問の神様〟として崇《あが》められている平安時代の漢学者であり政治家の菅原《すがわらの》道真《みちざね》は、「和魂漢才」という言葉を残した人としても知られています。

平安時代はシナからの文物が数多く入ってきた時代であり、日本初の和歌の勅撰集『古今和歌集』ができる前に、すでに『凌雲集《りょううんしゅう》』『文華秀麗集《しゅうれい》』『経国集』という三つの漢詩の勅撰集ができるほど漢学が盛んでした。

その時代にあって菅原道真は抜群の天才で、最も漢学ができた人です。にもかかわらず、道真は大和心を重視しました。「和魂漢才」の四字には、その彼の考え方がよく表されています。

実は、これが菅原道真の言葉であるという確たる証拠はありません。しかし、彼がいった言葉として考えても全くおかしくはない。というのは、菅原道真は和歌もよくできたし、日本史の重要性も認めていたからです。唐の国の乱れを見て、今さら遣唐使を送っても学ぶことはないと主張して廃止させたのも道真です。

道真は当時として最も漢学ができたと同時に、最も日本的な精神を大切にした人物だったのです。その点で、「和魂漢才」は菅原道真に誠にふさわしい言葉だといえるのです。

この「和魂漢才」が菅原道真の発明であったとすれば、「士魂商才」は渋沢栄一の発明した言葉です。

渋沢栄一は「世の中で役に立つためには武士的精神が欠かせないが、それだけでは失敗する。やはり商売の才能も同時に持っていなければならない」と主張し、それを「士魂商才」の四字に表したのです。

渋沢のいう「士魂」とは具体的に何を示すかというと、『論語』を学ぶことで練られる道徳心といっていいでしょう。「士魂」を養うには、世の中に数ある書物の中でも『論語』が最適であり、根底となるものであると彼は述べています。

一方の「商才」もまた、『論語』で養えるものだと渋沢は考えました。「商才」というものは本来、道徳を根底としたものでなくてはならないと考えたのです。ところが世の中では勘違いされていて、商才は小利口な商人たちの金儲けの知識みたいに解釈されている。渋沢はそれを遺憾《いかん》として、「士魂」と「商才」が結びつかなければ決して実業の世界で成功できないと主張したのです。

『論語と算盤』に次のような一文があります。

「人の世に処するの道はなかなか至難のものであるけれども、論語を熟読玩味《がんみ》してゆけば大いに覚《さと》るところがあるのである。ゆえに私は平生孔子の教えを尊信すると同時に、論語を処世の金科玉条として、常に座右から離したことはない」

『論語』とは単なる机上の学問で終わるものではなく、処世全般に役立つものだと渋沢は確信していたのです。

孔子の生きたシナと現在の中国は別物である

ここでシナの古典と現在の中国との関係について断っておかなくてはなりません。

渋沢栄一は士魂の中身を孔子の教えであるととらえました。また、我々が今、シナの古典と呼んでいるものもすべて孔子が関係したもの、いわゆる四書五経です。

『大学』『中庸』『論語』『孟子』の四書と『詩経』『書経』『礼記』『易経』『春秋』の五経は、孔子が直接編纂《へんさん》したか、その弟子筋の者がまとめたもので、これを古来日本人は「漢学」として学んできました。つまり日本人のいう漢学とは孔子の学問そのものであり、中国文化といっているものは孔子の生きた周の時代の文化を指しているのです。

この周の文化の日本への伝来は、紀元三世紀後半、応神天皇の御代に百済《くだら》の王仁《わに》が献上した『論語』十篇と千字文《せんじもん》あたりから始まったといわれます。菅原道真が勉強した漢学も、もちろん周の文化です。

周の文化文明は奇跡的に高いものでした。そこからキリスト、釈迦《しゃか》とともに世界の三大聖人（そこにソクラテスあるいはマホメットを加えて四大聖人という場合もある）に数えられる孔子という天才が現れたのです。その人がまとめた思想であったからこそ、『論語』をはじめとする四書五経は今もなお生き残っているといっていいでしょう。

勘違いしやすいのですが、これらを生み出したシナの人々は、今の中国人とは直接のかかわりはありません。人種も違えば文明の質も違います。それは歴史を紐解《ひもと》けばすぐにわかります。

歴史学者の岡田英弘先生なども指摘していますが、周の文化を受け継いだ漢の時代も末の頃、つまり王朝が唐に変わる頃になると、人口の八割にあたる民族が入れ替わっているという説もあります。

その後もいろいろな民族が王朝を建て、ごく近い歴史を見ても、日清戦争で日本が戦った清国は満洲族の建てた国であり、その二代前の王朝である元は蒙古《もうこ》族の国です。

このように、古代からいろいろな民族が入り交じり、栄枯盛衰を繰り返しているのがシナの歴史です。

その中でわずかに続いてきたのが、知識階級が伝達の道具として使った漢字であり、知識階級が学問として使った四書五経でした。この漢字という表現媒体が同じであっため、異民族が王朝を奪い合った歴史が何度もあるにもかかわらず、四書五経をつくった孔子を中心とする周の人たちが今の中国人の直系の祖先であると錯覚してしまう人が多いのです。

しかし、それは全く違うのだということを最初に伝えておきたいと思います。そのような錯覚を知ってか知らずか、今の中国政府は孔子を礼賛し、孔子学校を世界中につくろうとしています。あたかもそれが正当のものであるという考えを世界に発信しているのです。

繰り返しますが、それは日本で『万葉集』をつくった人たちの直系の子孫が今の日本人であるというのとは全く異なる話です。

たとえば、ギリシャ哲学やギリシャ文学が生まれたのはソクラテスの時代のギリシャであり、現在のギリシャ人がその直系子孫であるわけではありません。あるいは、古代ローマの哲学や書物は今のイタリア人と民族的には直接に関係がありません。孔子と現在の中国の関係もそれと同じです。

なぜこんな指摘をするかといえば、孔子が今の中国と結びついたものだと考えると、孔子を讃《たた》えること自体が今の中国礼賛と結びつくように誤解する人がいるからです。これは筋違いであると指摘しておきたいと思います。

3　徳川家康の遺訓の原典となった『論語』

我が国の賢人豪傑の中でも、処世の道が巧みであったとして渋沢栄一が尊敬してやまない人物が徳川家康です。渋沢は徳川慶喜の一橋家に仕えたこともあって、『論語と算盤』の中でも徳川家康の名前に言及するときは「公」をつけて敬意を表しています。

では、彼は徳川家康のどこが偉かったといっているのでしょうか。

それは、戦国時代に多くの英雄豪傑を制圧して十五代も続く幕府を開き、実に二百五十年もの間、人々が枕を高くして眠れる世の中をつくったということ。すなわちそれは家康が処世の道が巧みであったからだと評価しているのです。

その家康は種々の訓言を遺訓として残していることで知られていますが、渋沢は、それらは『論語』に書かれている内容が下敷きになっていると指摘して、いくつかの例を挙げています。

たとえば、『神君遺訓』として伝えられているものに

「人の一生は重荷を負うて遠き道を行くがごとし」

とありますが、これは『論語』の泰伯篇にある

「士は以《もっ》て弘毅《こうき》ならざるべからず。任《にん》重くして道遠し。仁以て己《おの》れが任と為《な》す、亦《ま》た重からずや。死して後《のち》已《や》む、亦た遠からずや」

の精神と同じです。

「己れを責めて人を責むるな」

という教訓も、雍也篇にある

「己れ立たんと欲して人を立て、己れ達せんと欲して人を達す」

と同じであり、

「及ばざるは過ぎたるより勝れり」

は先進篇の

「過ぎたるは猶《な》お及ばざるがごとし」

と同じです。

それから家康の言葉に

「堪忍は無事長久の基《もとい》、怒りは敵と思え」

とあるのは、顔淵篇にある

「克己復礼（己れを克《せ》めて礼に復《かえ》る）」

の意味であるといっています。

このように、徳川家康の遺訓として伝えられているものは、その大半が『論語』からとったものです。『論語』をよく学んでいたから家康は処世術に長《た》けていたのだし、その遺訓を引き継いだから徳川家は二百五十年を超える長期にわたる政権を築くことができたのだ、と渋沢は考えました。

孔子の理想国家は日本で実現していた

しかし、当時は「漢学は禅譲放伐《ぜんじょうほうばつ》を是認しているから、万世一系の日本には向いていない」という意見の人もいました。渋沢はその疑問に答えて、それは禅譲放伐の本質を理解していない意見であり、『論語』の八佾篇にある次の言葉を読めばわかるといっています。

「子、韶《しょう》を謂《のたま》わく、美を尽くせり、又善を尽くせり。武を謂わく、美を尽くせり、未《いま》だ善を尽くさず」

（先生が韶の音楽を評してこうおっしゃった、「十分に美しく、また十分に善いものである」と。また武の音楽を評してこうおっしゃった、「十分に美しくはあるが、十分に善いものだとはいえないね」と）

「韶の音楽」とは堯《ぎょう》から位を譲り受けた舜《しゅん》の音楽をいい、「武の音楽」とは殷《いん》の紂王《ちゅうおう》を滅ぼして政権を奪った周の武王の音楽を指しています。

堯とか舜というのは古代シナの伝説上の名君です。堯は自分の息子に王位を譲らず、臣下に後継者を推薦させました。そして推薦された舜の人格と手腕をじっくりと時間をかけて見きわめたうえで位を譲りました。このように優秀な人物に位を譲ることを「禅譲」といいます。

一方、殷の湯王《とうおう》は夏の暴君桀王《けつおう》を討って政権を打ち立て、また周の武王は殷の暴君紂王を討って政権を立てました。このように、革命を起こして悪い王様を討伐し、新しい王朝を興すことを「放伐」というのです。

この禅譲放伐はシナの政権交代の制度のようなものなのですが、先の言葉を見ると、孔子は堯から舜への禅譲のほうを、湯王や武王の放伐よりも高く評価していると読めます。つまり、できるならば革命によってではなく、有徳な人物から有徳な人物へと穏便に政権交代が行われるほうがよいといっているのです。

したがって、シナの禅譲放伐が日本には似つかわしくないというのは誤りで、むしろ孔子が日本の万世一系の国体を見たならば、「美を尽くせり、又善を尽くせり」と喜び、尊敬の意を表したであろうと渋沢はいっているのです。

日本人のプライドの根拠となった皇室

この考え方は、漢学が盛んになった江戸中期から幕末にかけて、日本の漢学者の間でだんだん強くなっていく思想です。儒教、とくに宋の朱子学などを究めれば究めるほど、朱子が理想としている国体とはシナではなく、我が日本なのではないかという意識が強まっていくのです。

こうした意識は明治時代になってからも残りました。たとえば東大の漢学の教授で根本通明という人がいました。この人は〝最後の漢学者〟といわれた人で、かのラファエル・フォン・ケーベル先生（一八四八〜一九二三／東大教授で夏目漱石も哲学の講義を受けたことで知られる）も尊敬していた人物です。

この根本通明が徹底的に研究したのが易経でした。私は彼の講義録を最近入手したのですが、そこには「易経が理想としたのは日本の皇室である」という趣旨の話が記されています。易経も万世一系というあり方を最も尊いものとしていますが、それはシナには存在せず、日本で実現していると、根本通明も確信していたのです。

このように徹底的に漢学を研究した人たちは、漢学が一番の理想とした国、孔子が一番の理想とした国は日本にほかならないという〝発見〟をするのです。渋沢もそうした思想の影響を受けて、孔子が日本の万世一系を知ったら喜んだだろうといっているのでしょう。

付け加えておけば、この思想は漢学を学んだ国の中で日本だけがシナに服従しなかった大きな理由になっています。他の国、たとえば朝鮮などは漢学を一所懸命に学んだ結果、漢学の本場であるシナを大中華と呼び、自分は小中華といって満足してしまいます。ところが日本では、漢学を学ぶほどそこに説かれている理想の国は我が日本なのだという意識が強くなっていったのです。それが明治の人たちの気概の大本にもなっていたように思います。

その点、今の日本人はプライドの根拠が非常に曖昧《あいまい》です。それは戦後の占領軍の教育方針と深く関係しています。そろそろ我々日本人の根源を先祖に立ち返って考えてみるべき時期に来ているのではないかと、私は思うのです。

4　天道にそむいた行いは必ず罰せられる

孔子は『論語』八佾篇で

「罪を天に獲《う》れば、禱《いの》る所なきなり」

（天に背くような罪をおかせば、祈ってもどうしようもない）

といっています。渋沢は、この天を天命の意味だと解釈し、孔子もそういう意味で使っているのだろうといっています。

天（天命）にはいかなる聖人賢者も必ず服従しなければならない。だから、名君の堯といえども自分の子供の丹朱を皇帝にせず、舜に帝位を禅譲したのです。また、その舜も自分の息子の商均《しょうきん》を位に就かせませんでした。

これは「天命の然《しか》らしむるところ」だと渋沢は考えます。人間の小さな思惑など天には通じないというわけです。

天命とは動かすことのできないものである。だから、天から見てよくない行為を働けば悪い結果を受けるのは当たり前であり、いくら許しを求めて祈ったところでどうなるものでもない。これが「罪を天に獲れば、禱る所なきなり」の意味だと渋沢は解釈しています。

そして論語の陽貨篇にある

「天何をか言うや。四時行われ、百物生ず。天何をか言うや」

（天は何もいわないけれど、春の次には夏が来て、夏の次には秋が来て、秋の次には冬が来て、また春がよみがえりそこからすべてのものが生じる。天は何もいわないけれど）

という孔子の言葉を挙げるのです。

天とは神仏のように具体的な人格をともなったものではありません。しかし、天道という、目には見えないけれど天地万物をつかさどっているものが確かにあります。ゆえに、天道に外れた行為を働くと、天が直接何かものをいって罰を与えるわけではないけれど、周囲の事情から、その人が苦痛を感じるようになる。それが天罰というものであり、この天罰を受けないためには天道に即した行動をするしかない――渋沢はこのように解釈しています。

そして、この天の道がどういうものであるかは人が発見していくものであり、それを発見してくれたのが孔子であるという考えを持っていたようです。

天の道は発見されるべきものである

この天道を発見するという話は、オーストリアの経済学者・哲学者であるフリードリヒ・ハイエク（一八九九〜一九九二／一九七四年ノーベル経済学賞受賞）の「法」に関する考え方と似ています。彼は法を「ロー（law）」と「レジスレーション（legislation）」に分けて、ローというものは人間がつくるものではなく、発見していくものであるといっています。

たとえば「人を殺すなかれ」というのは理屈ではなく、人によって発見された法だとハイエクはいうのです。だからこれはローなのだ、と。

このローが法の基本となり、その基本の上に、時々に応じて必要な法律を議会で取り決めていく。これがレジスレーションです。

ローには語源的にも「置かれたもの」という意味があり、〝はじめからあるもの〟です。一方、レジスレーションは〝勝手につくるもの〟なのです。その区別が重要だとハイエクは述べています。

渋沢栄一の天道についての考えも同じです。天をよく見れば、人間の生きる道が発見できるはずだ、と。そして、その発見されるべき道を見つけて教えてくれた人が孔子だと考えたのです。つまり、孔子を天の代弁者としてとらえているわけです。この理解の仕方がとても重要です。

よく知られるように、西郷南洲は「敬天愛人」をモットーに掲げています。この敬天の思想も、具体的な天の存在を考えているわけではありません。宇宙の法則というものが物理的にあるのと同様に、道徳的にも定められた生き方があるはずだという考えなのです。

あえていえば、これはドイツの大哲学者カントが「自分が考えれば考えるほど感嘆させられるものが二つある」とし、それは「わがうえなる星の輝く空」と「わが内なる道徳律」であるといっているのと共通する実感です。

本当の道徳を考える人は、未知とか天というものの概念にその源を求めるのです。そして、あらかじめあるそれらの道徳律を発見した人が聖人と呼ばれる人たちです。

5 『論語』は実用的教訓として役立ててこそ輝く

渋沢栄一は明治六年に大蔵省を辞めて実業界に入ります。そのとき、『論語』に対して特別の関係ができたといいます。それは、こういうことです。

プロローグでもふれたように、渋沢は武士の出ではありません。地方の豪農の家に生まれ、武士以上に武士的な教育を受けてきました。漢学をやり、剣道もやって、武士の精神を持っている人でした。

その渋沢が商売人になりました。官吏の頃は儲けなど考える必要はありません。国家の行く末をいかに考えるかという志だけあればよかったのです。しかし、実業の世界では儲けがなければ話になりません。

そう気づいたときに、果たして自分はこれからどういう志を持って世を渡っていくべきか、と初めて切実に考えたのです。

そのとき彼は、幼年時代から教養として習っていた『論語』を思い出します。『論語』には己を修め、人に交わる日常の教えが説いてあります。

「これを商売に使えないだろうか」——その考えを深めていった結果、『論語』の教訓に従って商売をすれば利殖を図ることができる、という結論に至るのです。

武士的な人だった彼が金儲けを仕事とするという現実に直面したときに、まず『論語』を思い出したのです。それを武士の教養で終わらせず、商売に使いこなせないかと考えたところに、渋沢の傑出した偉さがあります。

国富を増やさなければ国は発展しない

しかし、長く続いてきた士農工商という階級意識は、明治になったからといって簡単に抜けません。当時、金儲けを悪《あ》しきものとする風潮はまだまだ強いものでした。

渋沢が大蔵省を辞めるとき、玉乃世履《たまのせいり》という非常に親しくしていた人がいました。

この人は後に大審院長になり、書も達者で文も達者な人でした。二人は共に将来は大臣になろうという希望を抱いて切磋琢磨《せっさたくま》していたのですが、渋沢が突然官吏を辞めて商人になると聞いて、惜しんだ玉乃が引き留めたのです。

その引き留める理由が「商人になるとは金銭に目が眩《くら》んだのか」というものでした。金銭とは賤《いや》しいもの、それを扱う商人は賤しい職業であるというのが、当時の商業に対する評価だったのです。

もちろん、渋沢は金に目が眩んだわけではありません。彼が辞職を決意した直接の動機は、上司であった井上馨《かおる》が内閣と意を違えて辞めることになったためです。前から辞職を考えていた渋沢は、それをよい機会に、一緒に辞めることにしたのです。

しかし、辞める理由は井上の喧嘩《けんか》とは直接関係ありません。当時の日本は新政府の政治が始まったばかりで、あらゆる分野に改善すべき問題が山積していました。中でも一番に手をつけなければならないのが商業の振興であると彼は考えたのです。商売が振るわなければ日本の国富を増進できない――これが渋沢の認識でした。

ところが、政府の中で商業の振興に力を注ごうとする人が誰もいない。ならば自分がやろう、と渋沢は決意したのです。

欧米の富を見た人たちの危機感が生んだ富国強兵

国の富の不足を痛感した人たちが明治の中心になって、日本は近代化への道を進んでいきます。名前を挙げれば伊藤博文や井上馨といった人たちです。井上馨は財閥との癒着がささやかれるなど、後世の批判の多い人ですが、国富の増進には非常に熱心でした。

彼は、幕末の頃に伊藤博文らとともに長州藩から密出国のような形でヨーロッパに渡ります。そのときフランスのマルセイユで石造りの家を見て、そこに漁師が住んでいると聞いて涙を流したという逸話があります。

同じ人間でありながら、日本の漁師はボロ小屋みたいなところに住んでいるのに、フランスでは石造りの家に住んでいる。そのとき抱いた感覚が、井上をして「日本を富ませなければならない」という強い意志を育てたのです。

さらには、明治四年から明治六年にかけて、岩倉具視を団長とする岩倉使節団が欧米を視察して回ります。使節団には大久保利通、木戸孝允、伊藤博文などが参加しており、中には木戸孝允のように途中で喧嘩して帰国してしまった人もいましたが、その木戸も含めて肝心なところでは意見の一致を見ました。欧米の富を見た彼ら全員が、日本も富まなければ駄目だと考えたのです。

武器一つとっても欧米ではすさまじい発展を遂げていましたし、すでに汽車も走っていました。それは富があるから実現したのだと彼らは考えました。だから、日本も富まなければいけない、と。

岩倉使節団が帰国すると、すぐに富国強兵という国の基本方針が掲げられました。富国にならなければ強兵にはならない、強兵にならなければ欧米の植民地にされてしまうと、彼らは大変な危機感を抱いて戻ってきたのです。

ところが、維新までは最も偉かったと誰もが認める西郷隆盛は欧米を見ていません。そのため、西郷には欧米の富に対する実感がなかったようです。それゆえに彼は商業を重んじる気が最後までありませんでした。結局、政府と意見を違えて下野し、西南戦争によって命を落としてしまうのです。

渋沢栄一は岩倉使節団には加わっていませんが、すでに幕末にヨーロッパに渡っています。

慶応三（一八六七）年にパリで開かれた万国博覧会に出席するため、幕府使節団の代表となった十五代将軍慶喜の弟・民部公子《みんぶこうし》（後の水戸藩主徳川昭武）に付き従い、会計担当役としてヨーロッパに行くのです。

彼もまたヨーロッパの富を眼のあたりにし、大きなカルチャーショックを受けます。と同時に、そのとき、後の商売のヒントとなる貴重な経験を積んでいます。

それはこういうことです。渋沢はパリで、フロリヘラルドという、後にパリの帝国名誉領事となる人と出会います。この人が渋沢に、資金運用について親切に教えてくれたのです。その助言に従って、彼は日本から持っていったお金でフランスの公債を買い、さらにその公債を売って鉄道株を二万円ほど買いました。そこで初めて債券や株の仕組みを知り、その運用で利子を得る術《すべ》を学んだのです。

後日、そのときの運用成果を計算してみると、正当な利子のほかに運用益が五百円ほど出たというから大したものです。

ヨーロッパの巨大な富を見るだけでなく、自らの身で資金運用をして利益を出すという経験は大きなものでした。帰国後、彼は日本初の株式会社ともいえる「商法会所」という銀行と商事会社を兼ねたような組織をつくります。これはヨーロッパで見た大資本によって事業を展開し、より多くの利益を生み出すという方法を実現したものです。

人間の勤めとすべき尊い仕事は至る所にある

渋沢たち欧米を見た者は富の力の大きさをまざまざと知るのですが、一般の日本人はそんなことは知りません。相変わらず商業は一番下のレベルに置かれていて、甚だ振るいません。それでは国富は図れないというので、渋沢は自ら率先して商業の世界へ入って富の増進を図ろうと決意したのです。

その当時の商業の世界は、学問は不要であるという思想が一般的でした。下手に学問を教えると生意気になってかえって害になるといわれ、「売家と唐様で書く三代目」という川柳があったほどです。金持ちの三代目が変に勉強をすると家を潰《つぶ》してしまうと皮肉っているのです。

それほど商人は学問を軽視し、実際に住友や三井などでも子弟に漢文は教えず、読み書き算盤を教えるだけだったそうです。

だから、渋沢が大蔵省を辞めると聞いて留めようとした玉乃は「君はこのまま勤めれば長官にも大臣にもなれる。共に官に身を置いて国家のために尽くすべきだ。賤しい金銭に目が眩んで商人になろうというのは呆《あき》れたことだ。君がそんな人間だとは思わなかったぞ」と、かなり厳しく責めたのです。この言葉からも当時の商業が置かれていた立場がよくわかります。

ところが、渋沢はこの玉乃の言葉に次のように反論しています。

「金銭を扱う仕事がどうして賤しいのか、君のように金銭を卑しむようでは国家は成り立たない。人間の勤めるべき尊い仕事は至る所にある。官だけが尊いのではないぞ」

「金銭を扱う仕事がどうして賤しいのか、君のように金銭を卑しむようでは国家は成り立たない。人間の勤めるべき尊い仕事は到る所にある。官だけが尊いのではないぞ」

――官尊民卑の風潮の強い中、大蔵省を辞めようとする渋沢栄一を止める友にいった一言。

この玉乃との議論の中で、渋沢は『論語』の教えに従って一生商売をやってみせると決心したと回想しています。

今ならば官だけが尊いとは誰も思っていないでしょう。しかし当時は、官吏に匹敵するだけの仕事が民間にあるとは、誰も考えていませんでした。それゆえに、渋沢が民に下るというのは、全く理解できない行動だったのです。

『論語』とはわかりやすく、日常の役に立つもの

しかし渋沢は、『論語』を教訓として商売をやっていけば、物質的精神を尊重する官吏に対して劣等感を感じる必要はないと考えました。

そこから本気で『論語』を読むようになり、サミュエル・スマイルズの『自助論《セルフ・ヘルプ》』を翻訳した『西国立志編』を書いた中村敬宇《けいう》（正直）や信夫恕軒《しのぶじょけん》という人たちの講義を聴くなどして勉強を始めました。

中村敬宇という人は幕府の昌平黌《しょうへいこう》はじまって以来の大秀才といわれ、幕末に優秀な旗本の子弟とともにイギリスに留学しました。その留学中に幕府が潰れたので予定を

取りやめて帰国するのですが、帰りの船に乗る前に、イギリスで知り合った友達から「イギリスで一番読まれている本だ」としてもらったサミュエル・スマイルズの『Self Help（自助論）』を船の中で熟読します。それを読んで、彼はイギリスのような日本と変わらない小さな島国がなぜ偉大な帝国になれたのか、その理由を理解するのです。

日本に帰った敬宇は、早速『Self Help』を翻訳して『西国立志編』として出版します。すると、たちまち福沢諭吉の『西洋事情』と並ぶ超ベストセラーになりました。

それから渋沢は宇野哲人《てつと》にも『論語』を習っています。宇野哲人は『支那哲学史講話』などを書いた人で、東大を出たあと当時の清国に留学し、その後ドイツに留学しています。ドイツの哲学を身につけて、国立北京大学の名誉教授にもなり、後には東方文化学院の院長も務めた人です。

中村敬宇にしろ、宇野哲人にしろ、当時の一級の漢学者で、しかも西洋で勉強した経験のある人について『論語』を勉強しているのが面白いところです。ただの漢学者だと西洋の事情はわからないから、『論語』の解釈も商業蔑視《べっし》になる恐れがありますが、西洋の風にふれた人が教える『論語』は、それとはまた別のものだったでしょう。

実際、宇野哲人に学んだときは、いろいろ質問をして返ってくる答えが本当に面白く有益であった、と渋沢は語っています。このときは自分の子供たちを集めて一緒に聞かせ、一章一章みんなで考えながら進むから、子供たちも面白がったといっています。

渋沢はこう述懐しています。自分は学問的に『論語』を勉強したわけではないから、深い意味は知らないでいることもあった。しかし、『論語』というのは元来わかりやすいもので、学者でなければ読めないというようなものではない。むしろ『論語』の教えは広く世間に効能あるものであって、商人でも農民でも手にしていいものなのだ、と。

渋沢の言によれば、漢学者というのは「やかましい玄関番のようなもの」で、孔子の家に入るには邪魔物である。そんな玄関番を頼んでは孔子には面会できないから、取っ払ってしまえばいい。孔子は商人でも農人でも誰にでも会って教えてくれるし、その教えは実用的な卑近の教えなのである、というのです。

『論語』を学者の研究対象から解き放ち、日常に役立つ教えとしてとらえる。これこそが渋沢栄一の真骨頂といっていいでしょう。

6 青年時代に争いを避ける必要はないが、時を待つ必要もある

『論語』は人の道徳心を育てるのに大いに役立つものです。とはいえ、渋沢栄一は青年時代から角の取れた人間になる必要はないと断言しています。

「絶対に争いを避けようとするような卑屈な精神では、進歩する見込みも発達する見込みもない」というのです。

ただし、争いは強いて避ける必要はないけれど、また同時に急いで決着を図ろうとするのもよくないといい、時期の到来するのを気長に待つことも重要であると述べています。

これは渋沢の若いときの体験に裏打ちされた言葉だと思います。最初にふれましたが、彼がまだ十七歳のとき、父親が代官から出頭命令を受け、その名代として陣屋に

赴いたことがあります。そこで渋沢は代官から五百両の献金を命じられるのです。

当時の大名は、年貢のほかに領内の大金持ちから御用金と称してしばしば金の無心をしていました。お姫様の嫁入りとか、若殿様の元服とか、先祖の法要などと理由をつけて、御用金という名目で金を取り立てる習慣があったのです。

父親の代理という立場で行ったため、渋沢は「御用金のお話はわかりましたが、今日は父の代理で来ましたので、早速帰ってからお返事申し上げます」と答えたのですが、代官は「おまえは十七にもなっているのだから、芸者遊びもするだろう。五百両ぐらい、おまえの一存で自由になるのではないか。親に相談するなどといってすぐに返事をしないのはけしからんではないか」と暴言を吐くのです。

彼はこの言葉に本当に腹を立てたといいます。直接代官に楯《たて》つきはしませんでしたが、人からただで金をもらおうというのにあの態度はなんだ、と腹の中は煮えくりかえっていました。

あまりに怒りが激しかったので、家に帰りついたときには人相が変わっていました。心配した父親に「何かあったのか」と聞かれ、事の顚末《てんまつ》を話すと、父親は「今のご時世では従うしかない」といって五百両を差し出す決断を下します。

彼はそれに反対はしなかったものの、この一件で幕府に対する考え方は一変しました。幕府の政治が悪いから、こんな無理がまかり通ってしまう。悪いものは断固として潰さなければならないと決心して、倒幕運動へ傾いていくのです。

倒幕運動の挫折

渋沢は江戸へ出て海保漁村《かいほぎょそん》という学者の開く塾で漢学を修め、同時に北辰一刀流の創始者である千葉周作が開いた千葉道場に通って剣術を学びます。その一方で、同志を集めて天下国家を論じ合うようになりました。

そのうちに、挙兵して高崎城を焼き打ちし、鎌倉街道を通って横浜に出て居留地にいる外国人を襲撃するという計画を思いつきます。外国人を殺害すれば外国は幕府に抗議をし、多額の賠償金を求めてくる。そうすれば幕府は潰れるだろうと考えたのです。

無茶苦茶《むちゃくちゃ》な計画ですが、渋沢は本気で実行するつもりで、武器を集めはじめました。

そのときちょうど京都から親戚が帰ってきました。その人は京都で倒幕運動を企てた者たちが潰されたという情報をもたらし、「今はその時期ではない」と渋沢を諭します。激論の末、その場は物別れになりますが、家に帰って一人冷静になって考えた渋沢は、天下の形勢をもう少し見てみようという結論を得て、高崎城襲撃計画を取りやめるのです。

ところが、どこからか倒幕計画が幕府の関八州取締役の耳に入ったらしいという噂《うわさ》が聞こえてきて、渋沢は京都に逃れることになりました。そこで非常な幸運に恵まれて一橋家に潜り込み、それがきっかけとなって徳川慶喜に引き立てられるようになるのです。

そしてヨーロッパへ渡り、帰国すると「あいつは有能だ」というので静岡藩の大久保一翁《いちおう》（後の東京市長）に取り立てられて勘定組頭になり、商法会所で実績を挙げます。それが明治政府の大隈重信の目に留まり、大蔵省に入るのです。

討幕計画の挫折は苦いものであったでしょうが、もしもそこでやみくもに突っ走っていたら、その後の渋沢はなかったはずです。義憤に駆られながらも人の話に耳を傾け、冷静に判断したからこそ渋沢の人生は拓《ひら》けていったのです。

若い頃には争いを避けようとしてはいけないというのも自分の体験であるし、かといって時期を待つことも大切だというのも自ら体験したことなのです。世の悪に対して大いに悲憤慷慨《こうがい》するのはいいけれど、ある時期に達するまでは、一人の力では到底形勢を動かせないものだと知ることが重要なのです。

渋沢が願った倒幕にしても、歴史を見れば、幕府の長州征伐の失敗があり、慶喜の大政奉還があって、小御所会議により王政復古が決まり、鳥羽・伏見の戦いがあってようやく時期が到来します。そこに至るまではかなりの時間を要しています。

そういう実体験から、「事を急がず、形勢動かしがたい時期があることを知るべきである」と渋沢は忠告しているのです。これは今もなお心に留めておくべき価値ある金言といっていいでしょう。

7 適材適所の人事に野心を込めてはならない

「適材を適所に置くことは人を使う者の常に口にするところだが、時に自分の権勢を拡大するために利用する人がいる」と渋沢は指摘しています。そしてそれは断じて自分の学ぶところではない、といいます。これは当時の社会にはびこっていた派閥主義への怒りの表明と考えていいでしょう。

派閥主義は日本に多大なる弊害をもたらしました。

たとえば、太平洋戦争の開戦時の首相であった東條さんのお父さんは陸軍大学の第一期生で、首席で卒業、明治天皇から金の腕時計をもらった優秀な軍人です。ドイツから招かれて参謀教育をやっていたメンケルも彼を第一の弟子としていました。ところが、この人はなかなか出世できず、予備役になる数日前にようやく中将に昇進して終わっています。なぜ陸大首席卒業にもかかわらず出世できなかったかといえば、長州閥でなかったから、という理由が考えられます。

当時の陸軍は長州出身の山県有朋《やまがたありとも》が牛耳《ぎゅうじ》っており、自らの配下を取り立てていました。東條さんのお父さんも山県の口利きでドイツに留学しているのですが、山県が自分の子分として動くことを要求したのを断ったため、遠ざけられたようです。

そういう経験をした人なので、息子の東條英機を育てるときも派閥の悪弊をさんざん叩《たた》きこんだといいます。

平等な視点で人材を配置するのはなかなか難しいけれど、自らの欲を抑えた適材適所でなければならないと渋沢は注意をうながします。そして、適材適所をうまくやったのは徳川家康ではないか、というのです。

家康は関東には譜代恩顧の大名を配し、箱根の関所を控える小田原には大久保相模守を置きました。いわゆる御三家は水戸家が東国の抑えとなり、尾州家は東海の要衝を固め、紀州家で畿内の背後を警戒する。そして彦根に井伊掃部頭《かもんのかみ》を置いて京都に睨《にら》みを利かす。その他、越後の榊原、会津の保科、出羽の酒井、伊賀の藤堂というように、要所には必ず恩顧の大名を置いています。

この家康の考え抜いた人材配置が徳川の治世を築き上げる礎となったのではないか、と渋沢はいうのです。

しかし同時に、自分は家康の適材適所の工夫にあずかりたいと苦心しているが、家康がやったのと同じようにはやらないともいいます。なぜならば、目的が違うからだと。

家康は自分の権勢を広げ、幕府を安泰にするという目的のもとで人材を配置しましたが、渋沢自身には自分の勢力を伸ばし、たとえば渋沢財閥のようなものをつくって大きくする考えは全くありませんでした。あくまでも日本という国家のための適材適所を考えていました。そのために、平等な人材配置を行わなくてはいけないというのです。

それを渋沢は次のようにいっています。

「人は平等でなければならぬ、節制あり礼譲ある平等でなければならぬ」

「われも驕《おご》らず、彼も侮らず、互いに相許して毫末《ごうまつ》も乖離《かいり》するところのなきように私は勤めておる」

これが『論語』によって練り上げた彼の平等観なのです。

8 成長を求めるなら競争を否定してはいけない

世間には争いをよくないものとし、いかなる場合でも避けるべきだとする論があります。バイブルにも「右の頰《ほお》を打たれたら左の頰を差しだせ」とありますが、渋沢の考えでは、争いは決して絶対に排斥すべきものではなく、処世上も必要なものだというのです。

そういう渋沢を円満すぎると非難する人が世間にはいたそうですが、本人は、「みだりに争うことはしないが、争いを絶対に避けるのを処世唯一の方針と心得ているほど円満な人間ではない」といっています。

『孟子』の告子章句下の中に「敵がないと、かえって国は滅びるものだ」という言葉があるように、外国と争っても必ず勝って生き延びたいという意気込みがないと、国家は決して発展進歩はしない、というのです。

たとえば、この前の世界大戦を振り返ると、日本が完全に劣っていたと実感されたのは工作機械と電子工業でした。その意識が強かったせいか、戦後、この分野で日本は世界一になりました。当時の日本人に「外国に負けるものか」という意識があったから、日本は世界一にのし上がったのです。

「まあ角が立たないように仲良くやればいいじゃないか」という考えだけでは、やはり国力は落ちてしまいます。競争を否定し、競争なき環境の中にいると、国家も個人も成長できないのです。

ガミガミうるさい先輩こそ大切にせよ

必ずしも円満なのがいいわけではないということを、渋沢は二種類の人物を例に解説しています。

一人は後進に対していつも優しく親切で、引き立ててくれる人。もう一人は後輩が何かミスをするとガミガミ怒鳴り、完膚なきまでに罵倒し、親までも引き合いに出して悪しざまに罵《ののし》るような先輩です。

渋沢が見るところ、前者のような、欠点を指摘せず失敗しても守ってくれる先輩はありがたいけれど、必ずしもそういう先輩が後進のために真の利益になるかどうかは疑問であるといいます。逆に、ガミガミ責めつけて後輩の揚げ足を取るぐらいの先輩だと、一分一秒たりとも油断ができないので、かえって隙《すき》がなくなって進歩することがあるというのです。

これは今の教育の荒廃と重ねて考えると納得できます。昨今は優しくすればいいという先生ばかりになって、生徒を怒る先生が少なくなりました。生徒に手を上げようものなら体罰だと大騒ぎして問題教師に仕立て上げようとする側にも問題はありますが、やはり親と先生は怒るべきときには怒らなくてはいけません。日本が勃興するときには、怖《こわ》い先生が必ずいたと思うのです。

たとえば大学でも、戦後、私が入学した頃は怒る先生たちがいました。今、上智大学へ行くと銅像が立っているボッシュ神父などはその典型で、烈火の如《ごと》く怒る怖い先生でした。哲学の講義を受け持たれていましたが、学生はボッシュ先生が怖くて、皆ピリピリしていたものです。

このボッシュ先生は学生寮ができて二十年ほどの間、寮監として学生たちを締め上げていました。行儀の悪い学生は、文字通り、寮から叩き出していました。学生は震え上がったものです。しかし亡くなられると、みんながその怖かった先生を懐《なつか》しみ、かつ学恩を感じて銅像を建てたのです。

もちろん、怒るというのはそこに教育的な目的がなければなりません。自分の機嫌の善し悪《あ》しで生徒を怒るなどあってはならないのは当然です。重要なのは、最初から怒るという手段を放棄してしまって、果たして本当に気概のある子供が育てられるのか、という点です。

これは学校に限りません。会社でも国家でも同じでしょう。伸びている会社はどこかピリピリしているし、国家も勃興時代には「役に立たない奴は飢え死にしろ」というぐらいの厳しさがあります。アメリカの開拓時代などはその典型でしょう。

そういう厳しさの一方で、慈善をやる人も出てくるのですが、その場合でも、施しを受ける側には権利の主張はさせないという一線が引かれていました。

国が豊かになると、そういう厳しさが失われて、むしろ国が国民のために奉仕するのは当たり前という感覚に変わっていきます。しかし、甘えは国力の衰退につながるということも、真剣に考えなくてはならない大きな問題です。

9 自然的逆境に遭ったときは諦めて、運命に身を委ねよ

人の人生には必ず逆境というものがあります。大成功者となった渋沢栄一にしても、幾多の逆境を乗り越えてきました。

ただし、渋沢は「逆境には自然的逆境と人為的逆境がある」としています。この区別をしっかりしてから対策を講じないと、いたずらに苦労の種を増やすばかりで、労して功のない結果となりかねないというのです。

彼のいう自然的逆境というのは、たとえば明治維新とか日本の敗戦時のように、一個人の力ではあらがいようのない逆境です。

渋沢は維新を体験していますが、「世の中が急激に変わるから、どんなに頭のいい

人間でも、どんな勉強家でも、思いがけなく逆境に立つことがある。そしてまた気がついたら順境に向かっているというような、わけのわからないことが頻繁に起こる」と振り返っています。

渋沢自身、最初は尊王攘夷《そんのうじょうい》を唱えていたのに、予期せぬめぐり合わせで一橋家の家来となりました。そしてヨーロッパに渡って帰国したら幕府は滅びていて、王政の世に変わっていました。彼はそのときの心境を「この間、自分では精一杯勉強をしてきたつもりだったが、こういう政体の変化はいかんともしがたく、結果として逆境の人となってしまった」と述べています。

こういう自然的逆境に遭ったときは、天命に安んじて、来るべき運命を待って勉強するしかないというのが渋沢の意見です。

これについて私が感心したのは、本多静六博士（一八六六～一九五二／日比谷公園などの造園で知られる林学博士）です。本多博士ほど蓄財が上手な学者は日本にはいないのですが、その博士にして逆境に立ったことがあります。東大を退職するとき、今のお金に換算すれば何十億ともいわれる資産を育英事業などに寄附しました。ところが日本の敗戦によって、自分の老後の生活のために買っていた満鉄の株と横浜正金銀行の株が紙切れと化してしまったのです。

しかし、国が負けるなどということは個人が反省したところでどうなるものでもありません。そう考えて本多博士はすぐに気を取り直し、再び仕事を始め、晩年には再び寄附できるまでになったのです。

渋沢が指摘するのも、こうした心がけの大切さでしょう。どうすることもできないような大変革に見舞われたときには、自分の本分を最善を尽くしてやり、あとは運命に任せるしかないのです。

自らが招いた逆境の対処法は自己反省しかない

では、人為的な逆境に陥った場合はどうすればいいのでしょうか。

人為的逆境は自らの力不足や日頃の行いが招くものです。ゆえに、これは反省して自分の悪いところを改めるしか方法はないのです。

ところが、現実には自己反省をしないで人のせいにする人が実に多いと渋沢は嘆いています。そして、そういう人は幸運なる運命を自ら手放し、さらなる逆境を招いているようなものである、と。

諦《あきら》めなければならない逆境と、自分で立ち直るべき逆境――この二つの見極めをしっかりすることが幸福な人生を送れるかどうかの大きな分岐点になるのです。

10 一事をやり続けることによって花が開く

世の中には自分の力を過信して身の丈に合わない望みを抱く者がいます。しかし、進むことばかりを知って分を守ることを知らないと間違いを引き起こします。渋沢のいう「自分を知る」とは、すなわち「分を守る」ことなのです。

渋沢は、「自分は蟹穴《かにあな》主義である」と面白い表現をしています。蟹穴主義とは、蟹が甲羅に似せて穴を掘るというように、自分で掘った穴に入って精一杯尽くすという考え方です。

だから、大蔵大臣になってくれと頼まれたときも、日本銀行の総裁になってくれといわれたときも固辞したのだというのです。渋沢は民間人として働くという自分に合った蟹穴を持っていたのだ、といっています。

孔子は「進むべきときは進み、止まるべきときは止まり、退くべきときは退くべきである」といっていますが、自分の進むべき道を見極めて、余計なよそ見をしないことが大切なのです。

ただし、分を守りながらも進取の気性は忘れないようにする。これは相反するようですが、自分の分を知りながら、時に応じてはそれをはみ出さなくてはならない場合もある。それをわきまえておくことが大切だといっているのでしょう。

まずは自分のなすべきことに専心する——それが幸福な人生の礎になるということではないでしょうか。

11 成功の種は苦難のときにまかれ、失敗の種は得意のときにまかれる

「名を成すは常に窮苦の日にあり、事を敗るは多く得意の時に因す」

という古人の言葉を引用して渋沢が語るのは、世に成功者と呼ばれる人たちには必ず「あの困難をよくやり遂げた」「あの苦痛をよくやり抜いた」という艱難《かんなん》辛苦の体験がある、ということです。それによって、困難に処するときは慎重に臨み、また気を引き締めて立ち向かうことを学び、それが結果として成功を呼び込むことにつながるというわけです。

逆に失敗の多くは得意の日にその兆しがある。すなわち、調子に乗って大事に対してもまるで小事をやるような気持ちで臨み、目算が外れて失敗してしまうのです。だから、得意のときにも決して調子に乗らず、小事でも大事をやるぐらいの注意深さを持つ。それが失意の時代を避ける教訓となるのです。

失意の時代は小さなことにも思慮を持って向かうからそれ以上悪くはなりませんが、

得意の時代にはついつい油断をし、小さなことをおろそかにしがちです。しかし、小事を油断すると思わぬ失敗をしてしまうということを忘れてはいけない、と渋沢は忠告しているのです。

これについて渋沢は水戸光圀《みつくに》の

「小なることは分別せよ、大なることに驚くべからず」

という言葉を挙げています。細かなことが重要であり、大きなことには驚かないようにしろという意味の言葉です。常にこういう態度でいることが失敗を避け、成功を手にするために重要なのです。

成功失敗は時の運という一面もありますが、よくよく観察すれば、成功する人には成功するだけの理由があり、失敗する人もまた失敗して当然の理由があります。それに気づき、反省し、小さなところから改めていく――それを積み重ねることが運命を拓く秘訣《ひけつ》なのです。

第二章 立志と学問

一生の志を立てる

1 対立する意見を排除する国民性は改善すべきである

明治以後の日本には多くの外国人が訪れ、西洋の文明を教授してきました。その中の一人、アメリカから交換教授として来日したメービー博士と交流のあった渋沢栄一は、博士が任期を終えて帰国する前に歓談し、博士から西欧と日本の国民性の違いについて指摘されます。

まず良い点としては、日本は上の人も下の人もよく勉強していること。しかも、希望を持ちつつ愉快に勉強をしているように見えるのがいい、と。

それは当然の見方でしょう。徳川幕府の身分制度が外れたのですから、とりわけ身分の低かった者たちは希望にあふれていたにちがいありません。

しかし、欠点もあると博士はいいます。その第一は、形式を重んじすぎるのではないかという点。そして第二は、意見が違った者同士のいがみ合いが激しいこと。日本人は意見が違う相手には甚だ下品でかつ執拗《しつよう》な攻撃をするが、欧米ではもっと淡白だというのです。

これに似たことを福沢諭吉も指摘しています。福沢がイギリスへ行って一番驚いたのは、議会では堂々と反対の議論を交わした者同士が議場からフロアに出ると仲良くお茶を飲んでいることだったそうです。なぜそんな関係になれるのかがわからなかった、と福沢は述べているのです。

これはおそらく議会制度があった国となかった国の違いでしょう。メービー博士も、日本は封建制度が長かったから「互いが相反目して相凌《しの》ぎ相悪《にく》むという弊」が残っているのではないか、と解釈しています。

昔ほどではないにしろ、今でも日本では主義主張が違う相手を受け付けないという風潮が残っています。アメリカなどは、むしろ率直に意見をいってもらうのが一番ありがたいといいますから、このあたりは国民性の違いもあるのでしょう。

渋沢栄一もメービー博士のいう「封建制度の弊害」説にはうなずくことが多々あったようで、その一例として、水戸藩の例を挙げています。

水戸藩は水戸烈公（徳川斉昭《なりあき》）のもと藤田東湖《とうこ》、会沢恒蔵《つねぞう》といった大人物が輩出しました。しかし、烈公が死去すると藩内の意見対立が激しくなり、殺し合いをするなどして、維新を迎えた頃には水戸の偉い人たちは誰も残っていませんでした。

これなどは個々の感情が強すぎたために恨みが残った例ではないかと考えられます。水戸烈公のような偉人がいなければ、あれほどの争いもなく、衰微することもなかったのではないか、と渋沢はいうのです。

メービー博士は日本人の忠義心の強さをよく理解したうえで、このような欠陥に気づいたのでしょう。したがって、忠義を維持するためには、君権を持つ天皇をなるべく民衆に接触させないほうがいいだろうと語っています。今風にいえば、開かれた皇室にしないほうが国民の忠義心は保たれるのではないか、という意見です。

渋沢は、これはアメリカの一学者の観察だからそのまま受け取る必要もないけれど、公平な外国人の見たままであるから、参考にして国民性を高めていく必要があるのではないかと考えました。こういう悪評が重なると、外国から交際相手として認められなくなるかもしれない。ゆえに、些細《ささい》なことであっても、決して小さなことと考えないほうがいいと感想を述べています。

このように批判にも耳を傾け、相互の立場で何ができるかを冷静に考えるところは、渋沢栄一の優れた特質の一つとして挙げられる点です。

2 青年ばかりを大事にするな、老人も大事である

そういう欠点を認めつつ、国運をさらに拡張させるためには平素の刻苦勉励が大切であると渋沢はいいます。ただ、それについて一言いいたいことがあるというのです。それは何かといえば、「国力を高めるには青年の力は確かに大事だが、老年もまた大事である」という点です。

渋沢は、自分は「野蛮の老人」ではなく「文明の老人」でありたいといっています。

そういう渋沢が青年を観察すると気になる点があるというのです。

それは自分の青年の頃に比べると、青年の仕事に就く年齢がうんと遅くなっている

こと。たとえば、学生が三十歳まで学問をやるとすれば、少なくとも七十ぐらいまで働かなければ学んだ甲斐がないのではないか。五十や五十五で老衰するようだと、わずか二十年そこそこしか働く時間がない。これでは、よほどの非凡な人でなければ世間の役に立つ働きなどできないだろう、と指摘するのです。

確かに昔は仕事に就く年齢が早く、十代で働きはじめるのは当たり前でした。そのように早く仕事に入る時代であれば、五十歳で隠居してもかまわないけれど、一人前になるのに三十歳までかかるのなら、七十ぐらいまで働かなければ間尺《ましゃく》に合わないのではないか、といっているのです。

そういう渋沢の意見を反映するように、かつては私立大学の教授は七十歳ぐらいまで現役という学校が多かったものです。しかし、一人前になるのに三十歳までかかるとしても、七十歳まで仕事ができる人はごく稀《まれ》です。したがって昨今は、六十歳ぐらいに定年を置いて、その後のことはそこで考えるという学校が多くなっているように思います。

これがアメリカのように能力重視で定年制のない国ならば問題はないのです。無能であれば四十歳でも首にするし、教壇に立てる人は八十歳を過ぎても立てばいい。しかし日本の場合には、若い人に「役に立たないから辞めろ」とはなかなかいえないでしょう。だから定年制で一度首を切り、そこでリセットする制度が必要なのです。

これは大学の例ですが、一般の会社でも多かれ少なかれ同様の問題があるでしょう。渋沢は医学が進めば七十ぐらいまでみんな働けるようになるのではないか、と述べています。確かに現在はそういう人が増えてきています。しかし、これは個人差が非常に大きいので、平均をとれば会社では六十歳定年が無難なところでしょう。そのうえで、役立つ人は残すという配慮をする会社が多いのではないでしょうか。

「文明の老人たるには、身体はたとい衰弱するとしても、精神が衰弱せぬようにしたい、精神を衰弱せぬようにするは学問によるほかはない、常に学問を進めて時代におくれぬ人であったならば、私はいつまでも精神に老衰ということはなかろうと思う」と渋沢はいっています。

精神を健全に保つためには学問が必要というこの意見は、生涯学習の考え方に合致するでしょう。それを明治大正という時期に唱えていたところに、彼の先見性があります。同時に、その根底に『論語』の精神が広がっていたことは間違いありません。

『論語』の学而篇にはこうあります。

「学べば則《すなわ》ち固ならず」（学問をすれば頑固でなくなる）と。

3 立派な人になりたいなら、良心に恥じない日々を送れ

渋沢栄一は江戸末期から明治・大正・昭和の初めまで生きた人です。それだけに時代の変化がよくわかっていました。

教育というものも大きく変化したものの一つで、江戸時代は一般の商工業者に対する教育と武士教育とは全く区別されていました。武士は修身《しゅうしん》・斉家《せいか》を本として自分だけを修めるにとどまらず、経世済民《けいせいさいみん》を主眼とした教育を受けていました。一方、農工商業者に対する教育は天下国家を論じるようなものはなく、極めて卑近なものにとど

まっていました。

そのため、明治になっても最初の頃は、まだ農工商に従事する人たちにはほとんど学問がありませんでした。せっかく海外との交通が開けても、知識がなかったから貿易が活発に行われるわけでもなく、国を富ますといっても、その方法を知らなかったのです。

そこで渋沢は商業学校の必要性を感じ、明治八年に商法講習所という私塾をつくります。しかし、官尊民卑の風潮が強い中、商工業者への教育はなかなか理解が得られず、何度も潰れかかりました。それでも各方面に掛け合ってなんとか存続させて、明治二十年に神田一ツ橋に高等商業学校（後の東京商科大学、現在の一橋大学の前身）を設立するのです。つまり、渋沢栄一こそが日本の商業教育の大本尊なのです。

渋沢の努力で一般に対する商業教育が盛んになると、それから三、四十年の短い間に日本も外国に劣らないほど物質的な文明が進みました。ところが、今度は武士道とか仁義道徳といったものが廃れてしまいました。要するに、金儲けには武士道も仁義道徳も不要とする人が増えたのです。その様子を見た渋沢は「国の富は非常に増したが、人格は維新前よりは退歩した」と嘆いています。

本来ならば、精神は富の増大とともに向上しなければならないはずですが、そうはならなかったというわけです。その様子は、近年の日本の姿にも重なるように思えます。

渋沢は農家に生まれ、教育レベルも決して高いものではありませんでしたが、幸いにして漢学、とくに『論語』を学んだことによって一種の信仰を得ることができたといっています。それは「極楽も地獄も心にかけず、ただ現在において正しいことを行ったならば人として立派なものである」という信仰です。

渋沢は宗教を否定していませんが、宗教無用論に近い立場をとっています。それは『論語』があれば事足りるという信念があったからだろうと考えられます。

『論語』によって天の道を知れば宗教に帰依する必要はない。自分の良心に恥じずに日々の活動を行えばいい――そういう人生哲学を手に入れたのです。

4　日々向上を目指す覚悟が一角の人物をつくる

明治維新の「維新」という言葉は「維《こ》れ新《あら》たに」という意味で、殷の湯王が顔を洗う盥《たらい》に彫った

「苟《まこと》に日に新《あらた》なり、日に日に新にして、また日に新なり」

が出典となっています。これは自らを戒めるものとして、とても良い言葉です。

青年時代に頑張った人でも年をとると因循《いんじゅん》（古くからの習慣や方法を守るだけで、新しいことをしようとしない様子）に陥りやすい。しかし、老人になったからといって老けこまず、危険を感じさせるほど活動してもらいたいと渋沢はいっています。

老人ですらそうであるべきなのだから、青年が正義のために失敗を恐れているようではとても見込みがない。自分が正義と信ずる限り、岩をも通す意気込みで進まなければならない。そういう意気込みがあれば、いかなる困難も突破できる。たとえ失敗

したとしても、多大なる教訓を得ることができるというのです。

そういう人物こそが、壮年になったときに信頼しうる人物となる、と渋沢はいいます。明治維新から時が経過し、社会制度も整い、学問も普及して、便利なことも多くなった。環境は整っているのだから、あとは本人の心がけ次第で、細心の注意と大胆なる行動で活力を発揮すれば必ず一角の人物になれる、と渋沢は青年たちを励ましています。

これを逆にいえば、国を刷新する激動の時代に身を置けば、人は否応なく日々新たにならざるを得ないけれど、落ち着いた時代になると、多少の意気込みでは大勢を動かせない、という意味になります。ゆえに「大勇猛心を発揮して活気を縦横に溢《あふ》れしめ」「向上の道を猛進せねばならぬ」と大いなる発奮を求めているのです。

どんな時代であっても絶えず自分自身の維新を繰り返し、日々新たに向上していこうという努力を怠らない。それが人間的な成長を促《うなが》し、充実した人生を築き上げる結果となるというわけです。

5 運を拓く努力工夫の仕方を秀吉に学べ

渋沢は徳川家康についてしばしばふれていますが、豊臣秀吉も、若い頃には範とすべきことが多いといっています。

秀吉に学ぶべき点の第一は、その勉強ぶりです。それを渋沢は「事の成るは成るの日に成るにあらずして、その由来するところや必ず遠い」と表現していますが、これは「日々日常の勉強の積み重ねの上に事は成るのだ」という意味に解釈できます。

有名な話ですが、秀吉がまだ木下藤吉郎といっていた頃、信長の草履《ぞうり》取りをしていました。冬の寒い日に信長が草履を履くと、温かくなっているので「おまえ、尻に敷いていたんじゃないか」と聞くと、藤吉郎は「いいえ、懐に抱いておりました」と答えます。

こんな細かな配慮はよほど勉強をしていないとできるものではない、と渋沢は感心しています。ここから努力工夫の仕方を学ぶべきであるというのです。

ところが、青年にありがちなことで、仕事をしたいけれど頼みに行く人がいないとか、自分を贔屓《ひいき》したり面倒を見てくれる人がいないと文句ばかりいう。確かに、いくら能力があっても、それを引き出してくれる人がなければ手腕を発揮できないかもしれない、有力なコネのある人はチャンスが与えられる機会が多いかもしれない。だから「これは不公平ではないか」と青年は文句をいうわけですが、渋沢は「そのような論は普通以下の人の話である」と切って捨てます。

有力なコネなどなくても、本人に優れた能力や優れた頭脳があれば世間は放っておくものではない、というのです。

どこでも有能な人物を欲しがっている。いわば、お膳立てをして有能な人が来てくれるのを待っているのに、箸《はし》を取って食べようとする人がいない。すなわち、人材は常に求められているが、欲しいと思わせる人が少ないのだというのです。

これは最近しばしば話題になる、正社員と契約社員の問題にも重なってくる話です。非正規社員は自分たちが切り捨てられることに憤りを感じていますが、もし本当に能力があり、企業の業績をアップさせる実力を持った人間であれば、いくらでも引き上げられるはずです。ところが、実際はそれに見合う人があまりいない。言葉は悪いけれど、誰とでも交換可能な人間が多い、というのが実情なのではないでしょうか。また、見込まれて正社員になることをすすめられたのに断った例も少なくなかった。自由にヨーロッパ旅行したいからとか、転勤の可能性のあるのは嫌だとかの理由からです。

私は田舎育ちなので、周辺の家の情報が筒抜けといっていいほど伝わってきました。そうした中で知ったのは、お金を扱う立場になったときにごまかさないような人は必ずある程度まで引き上げられ、出世しているという事実です。単純なようですが、お金を絶対にごまかさないというだけでも、経営者にとっては安心できる人材なのです。

あるいは遅刻しないで毎日出勤する、上司にきちんと元気よく挨拶《あいさつ》ができるというような常識がきちんと身についているかどうか考えてみなくてはいけません。もちろん能力の有無は問われますが、それは常識を前提としたものであることを知っておくべきでしょう。

今も昔も若い人が非常に不満に思うのは、なかなかやりたい仕事をやらせてもらえないことです。しかし、少し考えてみればわかりますが、経験のない人間に重い仕事を預ける人はどこにもいません。秀吉のような大人物でも、最初は草履取りのようなつまらない仕事からスタートしたのです。

それを理解できず、自分は高等教育を受けたのだから算盤をはじいたり帳面をつけたりするような仕事は馬鹿馬鹿《ばか》しくてやっていられないという若者がいる、と渋沢は嘆いているのです。今でいえば、大学を出たのだからコピー取りやお茶くみなどはやっていられない、というところでしょうか。

確かに、能力のある人間につまらない仕事をさせるのは不利益な話かもしれません。しかし、上司がそれを命じてさせるからには、何かの理由があるはずです。その理由は上司に任せておいて、青年は命じられた仕事を丹念にやっていくことが大切なのだというのです。

とかく若いうちは気が大きくなりがちで、些細な仕事をやらされると「こんなもの」と馬鹿にしますが、小さな仕事が満足にできないようでは、決して大きな仕事を任せられることはありません。

古くから「千里の道も一歩から」というように、自分はもっと大きな仕事をする人間だといくら威張ってみても、その大きな仕事は小さな仕事が集まって大きくなっただけなのです。ゆえに、どんな仕事でも誠心誠意取り組んで、完全に仕上げようと努力しなければならないのです。

秀吉が信長から信用されたのも、小さな仕事でも手を抜かず、むしろ工夫をしていった点にあります。草履取りの仕事を大切に勤め、少しの兵隊を預けたときも部将としての働きをしっかり完遂したからこそ、大出世を遂げたのです。

どんな些細な仕事であっても、そのときの全生命をかけて真面目《まじめ》にやり抜くことのできない人間には、決して運は拓けないのです。

6 一生の志を立てるときは注意しなくてはいけない

渋沢はこういっています。

「志を立てるときには注意をしなければならない。生まれながらの聖人ならばともかく、凡人はとかく迷いやすい。目の前の社会の風潮に流され、一時の周囲の事情に動かされて、自分の本領としない分野へ乗り出してしまうことも多々ある。しかし、そのように揺れ動くようなものは真の志とはいえない」と。

これは今でもよく当てはまることですが、世の中が秩序立ってくると、一度立てた志を途中から変えることが難しくなります。転職が非常に不利に働く場合もあります。だから志を立てるときには注意しろ、と渋沢は忠告するのです。

これは維新のごたごたを通り過ぎてきた人から見ると当然の忠告です。おそらく幕末維新の記憶が薄れてくる頃になると、世間の景気に乗じて一旗揚げようと安易に志を立てて駆け出すような者もあったのでしょう。しかし、そのような志は簡単に遂げられるものではありません。結局、どこかで方向転換して、やり直すはめになります。そうならないように、最初によく考えなくてはいけないというのです。

これを最近の例でいえば、収入が多いというので外資系にどっと流れた人たちが金融不況によって突如《とつじょ》として職を失っている現象が挙げられるでしょう。そういう一時の風潮に流されることなく、根幹となる志を立てなくてはいけないのです。志を立てて外資系のような仕事で活躍したかったら、不況でも残ってやれるだけの決心と、能力の磨き方が大切でしょう。戦国時代の武士も維新のときの志士も、似たような点があったといえましょう。

そして基本となる大きな志を立てたならば、今度は大志を実現するために取り組むべき小さな立志について、日々工夫をしていく必要があります。その工夫の仕方は、一生を通じての大きな志から外れないようにすることだと渋沢はいいます。

つまり、小さな立志はしょっちゅう変動するものだから、その日常的な変動によって大きな志を動かすことのないようにしなくてはいけない。そのためには、大きな志と小さな志が矛盾しないようにしなくてはならないわけです。

孔子の立志に学ぶ

これを渋沢は孔子の立志を例に説明しています。よく知られるように、孔子は『論語』為政篇で

「十有五にして学に志す。三十にして立つ。四十にして惑わず。五十にして天命を知る」

と自らの人生を語っています。

この言葉に従うと、孔子は十五歳にしてすでに「学問によって一生を過ごす」という志を立てたわけですが、「三十にして立つ」までの十五年間は、志が固まらず、ふらふらしていたことになります。おそらく、三十にしてようやく学問で世に立っていけるという自信を得たのでしょう。

さらに「四十にして惑わず」とあるのは、志が完全に固まって、ちょっとやそっとでは動かないものとなったのが四十歳だったという意味なのではないか――渋沢はそう解釈しています。

そう考えると、孔子にしても志を立ててすぐに固まったわけではないのです。行き

つ戻りつしながらだんだんに固まっていって、四十にしてやっと「惑わず」という心境になり、五十になって天命を知ったわけです。

この話は今の時代でもだいたい通じるのではないでしょうか。昔に比べて平均寿命は延びていますが、延びているのはあまり世間の役立たない晩年の部分であって、一番役に立つ人生の前半の部分は孔子の立志と同様に考えていいように思います。

また、孔子は子罕《しかん》篇で

「四十五十にして聞こゆること無くんば、これ亦た畏《おそ》るるに足らざるのみ」

といっています。当時の四十五十だから、今に当てはめれば定年近くの年齢と考えればいいでしょう。その頃になっても成果の出ない人はしょうがないと孔子はいっているのです。

これを世阿弥《ぜあみ》は「四十以後は落ちるばかり」とズバリ指摘しています。学問の世界で見るとさらにシビアで、極端にいえば三十以降は落ちるばかりという人がたくさんいます。四十から落ちるというのはかなり立派だとさえ思えるくらいです。

そう考えると、志をコロコロ変えているほどの時間は人生にはない。ひとたび志を大きく立てたら、何がなんでも貫き通す覚悟が必要なのです。そのためには、自分の初志がなんであったかを絶えず振り返り、忘れないようにする。そして、自分の言行が志からずれていないかと反省を繰り返すべきです。

私の志は、高校を卒業して大学に入った頃に恩師の佐藤順太先生のお宅にうかがったときに決まりました。本が天井まで山積みになっている書斎でゆったりとくつろぐ先生の姿を見て、こういう老人になりたいと思ったのです。結局、私の志はそこから外れませんでした。もちろん紆余曲折《うよきょくせつ》はありましたが、最初に立てた志を持ち続けてこられたのは幸せだったと思っています。他人から見ればあまりに卑小な志だったかもしれませんが。渋沢の志も、官吏志望の人の目には「金欲しさに民間人になった」とも見えたのです。

7 目先の出来事に振り回されず、深い真理を見つめよ

学問と社会はそう大きな違いがあるわけではない、と渋沢はいいます。しかし、学生時代にはすぐに自分が偉くなりそうに思えるが、実際社会に入ると面倒なことがいろいろとあり、意外な感じを持つものであると。

たとえば地図には詳しく地形が描かれているけれど、実際に行ってみれば、地図に描かれていない予想外のこともたくさんあります。しかし、中には地図がすべて正しいと信じ込み、それに合わないのは現実が間違っていると思ってしまう極端な人もいます。これは現実より知識を重んじることによって起こる錯覚です。

若者が社会の実務を軽視し、実際上の問題を誤解するのも、多くは知識偏重に陥ってしまうためです。学校で学んだ知識と実社会との違いに迷い、判断を誤る若者は今も昔も少なくありません。

では、どうすればこの錯覚から免れることができるのか。

そのためには、いくら前もって用意をしても実際には意外な出来事が多々あると知り、より一層の準備を怠らないようにするべきだ、と渋沢はアドバイスしています。
これと同じことを講談社の創立者の野間清治はもっと具体的に、おおよそ次のように述べています。

机の上で勉強していると嘘《うそ》をつくのは悪いと教えるが、実社会に出ると嘘をつかなければならない場合もあるし、あるいは嘘をつくことでうまくいく場合も多い。嘘は駄目だと思っていても、それを余儀なくされる時期もある。だが、最終的にはやはり嘘をついてはいけないし、信用が重要だというところに行きつくものである。また、そうでなければ実社会では成功しない――と。

これは非常に重要な指摘です。確かに学校から社会に出ると、事前の予想とは違う場面に多々遭遇します。しかし、成功する人はそこでより一層の注意を払って社会を眺め、最後には「やっぱり嘘はダメだ」と再発見するのです。

　ところが実際は、渋沢栄一も指摘するように、学校と社会との落差に失望落胆してしまい、自暴自棄になって、ついには不幸な終わりを見る人もいます。そういう人は、目先の出来事に振り回され、社会を大きく貫く真理を再発見しないまま終わってしまうのです。渋沢の時代に限らず、今もそういう青年が実に多いのではないかと私も思います。

　教師である私は、勉強は重要である、と学生に教えます。しかし社会に出れば、ときには勉強よりも要領のほうが大切なのではないかと思うかもしれません。ところがさらに長い時間をかけて考えていくと、やはりしっかり勉強してきたかどうかによって差がついてくるものなのです。ゆえに最終的には、学問は大切であり、欠くべからざる重要なものである、という結論になるのです。

　人生は一度しかありません。そこで後悔したくないのなら、青年にはぜひ、そこまでの深慮を求めたいものだと思います。

8 国力を増すためには大きな目標を立てなくてはならない

渋沢栄一は十七歳の頃、武士になりたいと思っていました。封建主義の社会では、武士以外は人間以下の扱いをされ、逆に武士であれば、能力に関係なく権勢を振るえたからです。そういう社会に生まれた限り、何がなんでも武士にならなくては生きている甲斐がないと考えたのです。

そんな渋沢の思いを一層強めたのが、頼山陽《らいさんよう》の『日本外史』でした。源平から徳川までの歴史を簡潔に記した『日本外史』は、当時の志ある人たちに大きな影響を与えました。明治維新を起こした人たちは、皆、『日本外史』によって徳川将軍の上に皇室があることに気づいたのです。

さらに頼山陽には『日本政記』という神武天皇に始まる日本の歴史を簡潔にまとめた本があります。この本は伊藤博文が旧幕時代にヨーロッパに行ったときに持っていって読んだといわれています。今では頼山陽を語る人は少なくなりましたが、日本人にとって本当に重要な本を著した人です。

渋沢もまた、頼山陽の本から歴史観を得た一人です。正しい歴史観は人間を目覚めさせるのです。

ただし彼は「武士になって国を動かしたいと思ったことは間違いであった」と述懐していています。いろいろな曲折を経て維新後に大蔵省に勤めるわけですが、それまでの十数年間は無意味だったというのです。

しかし、彼の生涯を眺めると、決して無意味だったとは思えません。それどころか、一橋家に入って徳川慶喜の信頼を得、ヨーロッパまで行っているのです。そのヨーロッパ体験がなければ後の渋沢栄一もないわけですから、大いに意味があったといっていいと思います。

それを無意味としたのは、倒幕という志を立てたにもかかわらず、徳川家の家来という正反対の立場になり、さらには新政府の役人となった自らの歩みを一貫性のないものとして恥じたためかもしれません。

そのためか、渋沢本人は、真に志を立てたのは明治四、五年頃で、大蔵省を辞めて実業界で身を立てようと決心したときだといっています。

大蔵省を辞めるとき、渋沢は「政治に身を投じるのは自分の短所に向かって突進するようなものだ」と気づいたといいます。同時に、欧米諸国が栄えているのは商工業が発達しているためであるから、国家のために日本の商工業の発展を図りたいと考えました。そこで初めて実業界の人になろうという決心がついたというのです。

そして、そのときの志は終生変わりませんでした。ゆえに、この頃が自分の真の立志であったというのでしょう。

「それまでの立志は自分の才能からして不相応な、身のほどを知らぬ立志であった。だからしばしば変動を余儀なくされたのだろう」と渋沢は述べています。

明確な指針のもと、国家は成長する

このような志を固める背景にあるのは、ヨーロッパの繁栄を我が目で見て富国強兵の必要性を痛感したことにあるといっていいでしょう。強兵でなければ植民地にされてしまう。そして強兵にするためには富国でなければならないと、渋沢は当時の世界の動きをはっきり見てとりました。

ところが、維新の元勲たちは政治をつかさどることだけに熱心で、富国のもととなる商人や実業界の地位を上げようとはしませんでした。彼らも欧米視察に行って富国強兵の重要性に気づいているはずなのに、官尊民卑の意識があったためか、率先して実業界に入って旗振り役となる人はいなかったのです。

そういう様子を見て、渋沢は日本のためを思い、断固として実業界に身を投じます。今でいう大蔵次官のような立場を捨てて、低く見られていた実業界に入ったのだから偉いものです。渋沢栄一の子孫の書いた本を読むと、後に大蔵大臣になることをすすめられたときは彼自身もずいぶん迷ったようです。迷ったけれど、大義のために志を貫いた。そこが渋沢の偉大なところです。

日本が明治維新後に伸びたのは、富国強兵でなければ駄目だという方向性が明快だったためです。戦後の日本が伸びたのは、メイド・イン・ジャパンの製品を世界一品質のいいものにしようとしたことです。そういう明快な方向性があると、国は大きく伸びていくのです。

その点で、現在の中国共産党は明快です。長い間、シナは植民地にされ、世界中からむしり取られるような生活が続きました。どうしてそうなったかと考えたら、武力が弱かったからであるという結論になったのです。

だから武力を強くしなければならないというのが国のスローガンとなり、軍備増強に走り、今もなお走り続けているのです。その良し悪しはともかく、動かない方針があることが中国を世界の大国へと急成長させたことは確かでしょう。

それは明治の日本も同じでした。富国強兵という明快な方針のもと、アジアの片隅の有色人種の小さい国が世界の三大海軍国、五大陸軍国の仲間入りを果たしたのです。それは奇跡のような出来事でした。

翻って今の日本が迷走しているのは、国が一つにまとまるような大目的がないからでしょう。それを打ち立てることができるかどうかにこの国の未来がかかっていると思うのです。

第三章 ● 常識と習慣

正しい判断力を身につける

1 智・情・意のバランスを備えた人こそ有用な人となる

世の中を渡るのに欠かせないものは常識であり、それはどのような地位にあろうとも、どのような場合であろうとも欠けてはならないものです。

では、常識とは一体どのようなものなのでしょうか。

それを渋沢は、智《ち》、情《じょう》、意《い》のバランスがとれていることだといいます。奇矯《ききょう》でもなく、頑固でもなく、善悪を見分け、利害得失を識別し、言行が中庸に適《かな》うことが大切なのであると。

このバランスがとれていないと非常識になって、社会的な活動ができず、自分の能力も発揮できなくなります。たとえば智、つまり智恵が十分に働かなければ善悪の判断や利害得失の判断ができません。そういう人は、いかに学問ができようとも社会的には何も役立ちません。これは当たり前でしょう。

面白いのは、渋沢がこの智に欠ける例として、数多い儒学者の中でも最も尊敬された程《てい》兄弟（程明道《めいどう》と程伊川《いせん》）と朱子を挙げている点です。

彼らは智恵が働くと功利的になり、仁義道徳から離れてしまうという理由で智を嫌いました。しかし、そのために多方面に活用するべき学問が、ただ自分が間違っていなければいいという狭苦しいものになってしまい、結果として学問は死物になってしまった、と渋沢はいうのです。

朱子は「虚霊不昧《きょれいふまい》」（心にわだかまりがなく鏡の如く一切を明らかにする働きを持つこと）とか「寂然不動《じゃくねんふどう》」（心が穏やかで何物にも動揺しないこと）といった説を主張して仁義忠孝を説く一方で、智は詐術《さじゅつ》に走るといって嫌いました。そのために、孔孟の教えは偏狭になり、儒教の精神を世の人に誤解させるようにしてしまったと渋沢は批判します。

これは正しい意見です。日本でも江戸時代の官学は朱子学を中心としましたが、山《やま》鹿素行《がそこう》の古学や伊藤仁斎《じんさい》の古義学のように、朱子学を批判して同じ儒教の研究でも違う方法で行う人が出てきたため朱子学一辺倒にならず、儒学が国民精神を沈滞させずに済みました。

対照的に朝鮮は、徹底的に朱子学だけを教えました。李退渓《りたいけい》という大朱子学者が絶対視され、他の学派は全然入り込めませんでした。それが朝鮮を弱体化させることにつながったのです。

というのも朱子学は、女真《じょしん》族の国である金に華北を奪われて南方へ逃げて建国した南宋の学問であるため、どこか現実逃避的な、非実用的なところがありました。実際的な問題をむやみに軽蔑したのです。しかし、人間は現実に生きている存在ですから、実際的な問題をどう解決するかは避けられない大テーマです。

渋沢は儒教というものは生活に役立ててこそ意味のあるものだと考えていたから、朱子学を徹底して批判するのです。

確かに智恵ばかりあっていつも損得勘定しているようでは困りますが、そうならないために、情・感情というものがあり、また意・意志の力というものが必要になってくるのです。要はバランスが大切なのであり、智恵も感情も意志も社会生活を健全に営むための重要な要素なのだというわけです。

この智、情、意をバランスよく備えた人が常識人であり、常識がなければ、意志ばかり強くても社会的にはあまり有用な人物とはならないだろうと渋沢は指摘します。

2 必ずしも慎重・厳密であればいいわけではない

渋沢は、「自分は多弁で、よく揚げ足を取られたり笑われたりする」といっています。しかし、「心にもないことは口にしない主義である」といいます。口は災いのもととよくいわれ、「ものいえば唇寒し秋の風」という芭蕉の句もあるけれど、災いを恐れて一切口を閉じれば、せっかく役に立つことでもうやむやになって終わってしまう。それでは意味がないではないか、と。

多弁に過ぎるのはよくないかもしれないけれど、無口であればいいというわけでもない。口を開いたために福も来たし、物事の調停をしてやったこともあるし、仕事を見出したこともあった。だから、口は福の門でもあるのだ、というのです。

見方を変えると、口は災いのもとでもあるかもしれないけれど、話したことで福がやってくることもあるのだから発言を抑えるばかりが利口だとはいえない。発言をするときに、よく考えて慎重になるのは大切ですが、同時に、慎重すぎて口を開くことに臆病《おくびょう》になってしまってはいけない、ということになるでしょう。

また、渋沢は清濁併せ飲む主義であるとか正邪善悪の区別をしない男だともいわれていたようです。「それは『論語』の精神に反するのではないか」と直接ただしに来る人もあったといいます。

そのとき渋沢は、自分を見習って正しい仕事をするのなら、たとえ個人の利益を図る目的だったとしても、結果として国家社会のためになる。そういう使い道のある人間ならば、『論語』主義的に多少おかしなところがあってもいいではないか、と答えています。『論語』を杓子定規《しゃくしじょうぎ》に解釈する必要はないではないかというのです。

訪ねてくる人には誰とでも面会する

度量の大きい渋沢のもとには接触を試みる人が年々増えてきました。そのすべてが自分に右へ倣《なら》えする人でもなかったといいますが、面会を求めて来る人には必ず会って談話したと述べています。

見ず知らずの来訪者に会うという習慣は、今の日本にはなくなっています。現在は、面会の前にアポイントメントをとるのが常識です。しかし、かつてはアポなしに会いに行くのが当たり前で、また訪問者があれば面会するのが義務だと考える人も多かったのです。

そのために悲劇も起こっています。文部大臣の森有礼は面会を求めてやって来た西野文太郎という国粋主義者に殺されてしまったし、安田財閥を築いた安田善次郎は朝日平吾という潰れた銀行の息子に会った際に刺殺されてしまいました。いずれも会う必要がない相手と会って、みすみす命を捨ててしまったのです。

そうした面会の習慣は戦後になっても残っていました。我々の学生の頃でも、先生の家に遊びに行って追い返されたことはありません。私自身も教授になった頃は、いきなり学生が遊びに来ても追い返したりはしませんでした。大学紛争の頃からそれは不可能になったのでやめてしまいましたが、昔はそのへんはおおらかでした。

渋沢も訪ねてきた人には必ず会っていたのですが、中には渋沢の門戸開放主義につけ込んで、生活費を出してくれだとか、親が貧乏になって学資が絶たれたから援助してくれとか、新発明をしたから事業化するための資本を出してくれといった虫のいいお願いにやってくる者もあったそうです。同様の趣旨の手紙も毎月何十通と届き、雑用が多くなって寸暇もなく困ってしまったといっています。

もちろん道理に適わない申し出は断っているのですが、第一にその人のためになり、第二には国家社会のために役に立つようであれば、手助けをしてやりたいというのが渋沢の考え方でした。

善人必ずしも善を遂げるとは限らないし、悪人必ずしも悪に終わるものでもない。だから論語主義から外れているような者も来るかもしれないが、そこはあまり厳格に区別しないと渋沢はいいます。ある意味で、人を助けるというのは非常に難しいことでもあるのです。

3　成功への第一歩はよい習慣を身につけることにある

よい習慣を身につけることは、人生を豊かにするためには極めて重要です。これは洋の東西を問わず、多くの偉人賢人が指摘している点です。

また、習慣というのは個人にのみかかわるものではなく、たとえば言葉などは周囲に伝染して、それが流行語になったりもします。渋沢の頃でいえば「ハイカラ」とか「成金」という言葉が流行《はや》っていたそうです。

このように善し悪しを問わず習慣の力は大きなものです。だから、「一人の習慣はついに天下の習慣となり兼ねまじき勢いであるから、習慣に対しては深い注意を払うと共に、また自重して貰《もら》わねばならぬ」と渋沢は指摘します。

そして、習慣を考えるとき、とくに少年時代が重要だといっています。

少年時代に記憶したことは老後に至っても覚えている。内容が難しい本でもよく覚えているが、最近読むものは読む先から忘れてしまう。それゆえに習慣を身につけるのは少年時代が最も重要であるというのです。その時期によい習慣を身につけて、それを個性とするようにしたいと渋沢は述べています。

渋沢自身は青年時代に家出をして天下を流浪《るろう》したため、悪い習慣がついてしまい、それが後年まで直らなくて困ったそうです。しかし、努力をすれば悪い習慣も直るものであるし、直すべきだといっています。

悪いと知りつつ改められないのは克己心が足りないからだ。それにしても、悪い習慣は身につけないに越したことはない。習慣はいつの間にか不用意のうちに身につくものだから、注意して悪い習慣がつかないようにしなければならない、というのです。

渋沢が指摘するように、若い頃の勉強は身につくものです。私自身、この齢《よわい》になっても、若い頃に読んだ本に出てきた人の名前なども意外に忘れていません。逆に、最近読んだものでも、固有名詞などは残らないこともあります。これは子供の頃の教育が非常に重要であるという証明でもあります。

私の少年時代が幸いだったのは、講談社の本が読書の中心となっていたことです。

『少年倶楽部《くらぶ》』、『幼年倶楽部』、『少女倶楽部』、それから講談社の絵本、少年講談その他、どれをとっても立派な内容で、今読んでも十分読むにたえるものです。

私の家は貧乏でしたが、親は本だけは買ってくれました。だから、私が悪さを働いたときの母の決まり文句は「本を読ませているじゃないか」でした。講談社の本を読んでいるのに、なぜ悪さを働くのか、という意味です。

それほど講談社の本の中身は良質でした。江戸時代の「心学」の伝統を承《う》け継いでいたのです。私は講談社文化の中で育ち、そこで処世のあれこれを学んできたといっても過言ではありません。

私は山形の鶴岡市というところで生まれ育ちました。この鶴岡の殿様は、明治維新のあと、東京に出ずに郷里に居座ったままでいた唯一の大名でした。そのため、高級武士も皆、鶴岡の地にとどまりました。そういう先祖を持つ同級生たちは皆、行儀作法が非常によく、字が上手で、勉強もよくできました。

ところが不思議なことに、それは小学校三、四年までの話で、高学年になると成績が振るわなくなったのです。結局、同級生のうち、旧制中学に入った人は私の知る限り一人しかいませんでした。

後年になってその理由をいろいろ考えてみて私が得た結論は、あの頃の高級武士の家では講談社の本を通俗と考えて子供に与えなかったのではないか、というものでした。そのため新しい知識をあまり知らず、昔風の礼儀や道徳ばかり身につけさせられて、頭が固くなっていたのではないでしょうか。むしろ少年倶楽部などを読んでいるほうが、ずっと物わかりのいい頭ができあがったと思うのです。

今の子供たちの習慣がどういう本でつくか私は知りませんが、少し前の時代であれば、たとえば「巨人の星」などは根性のある子供をつくるのに貢献したのではないでしょうか。

そういう意味で、子供に与える本は非常に重要であると思います。

それとともに、子供には早起きを教えなければならないと思っています。子供を早く起こすためには、母親がさらに早く起きて朝の支度をしなければなりません。つまり、母親の習慣も大切になってくるのですが、青少年時代に早起きのできる人とできない人とでは、長い人生において大きな差がつくという事実にぜひ気づいてもらいたいと思うのです。習慣の大切さを考えたとき、早期教育の重要さは年をとるごとに理解できるようになります。

また、子供によい習慣をつけるとともに、大人も悪習を正していかなくてはなりません。渋沢はいいます。

「習慣は老人になってもやはり重んぜねばならぬと考える。それは青年時代の悪習慣も、老後の今日に至って努力すれば改められるものであるから」

よい習慣は子供のみならず、老人をも成長させるのです。

4 目に見える行動を正しくすることが成功への道

昔の小学校の読本に「親切のかえって不親切になりし話」というものが載っていたそうです。雛《ひな》が孵化《ふか》しようとしているが、なかなか卵の殻から離れられないで困っている。それを見た親切な子供が卵の殻をむいてやったら雛が死んでしまった、という話です。早く孵化させてやろうという志は善だが、そのために殻をむいてやるという行為は善ではない、と渋沢は指摘します。

同じような話が『孟子』の中にもあります。宋の人が苗に早く伸びろといって、引っ張って助けてやった。しかし結局、その苗は枯れてしまったという話です。

苗を伸ばそうとすれば、水加減、肥料の加減、雑草を除くなどが必要なのに、苗そのものを引っ張って伸ばそうとするのはいかにも乱暴だし、枯れるのは当たり前です。苗を伸ばそうとする志は善だが、それを引っ張るという行為は善ではありません。

これは早期教育のあり方を戒める教訓としても使える話でしょう。早起きの習慣、挨拶の習慣、読書の習慣といった基礎となる部分をおろそかにして、いきなり塾に放り込んでも子供は伸びるものではありません。物には順序があるのです。

「志が真面目で忠恕《ちゅうじょ》の道に適っていても、その所作が害となるようでは決して善行とはいえないし、信用されない。だから、人の行為の善悪は志と所作とを見比べて判断しなくてはならないのだ」と渋沢はいいます。

志が善で所作が悪という場合とは逆に、志が多少曲がっていても所作が機敏で忠実で人の信用を得るものであれば、その人は成功することもあります。志が曲がっていて所作が正しいということはありえないと思われるけれど、実社会では人の心の善悪よりも行為の善悪に重きを置き、同時に心の善悪より行為の善悪のほうが判別しやすいから、どうしても行動を見て、その人を信用してしまう傾向があるというのです。

これについて渋沢は、徳川吉宗の例を挙げています。

吉宗が巡視しているとき、老母を背負って拝観にきていた親孝行の者に褒美《ほうび》を与えた。それを見た素行不良の無頼漢が自分も褒美をもらおうと、見知らぬ老婆を背負って拝観に出かけた。そうしたら吉宗はその者にも褒美を与えた。側にいた役人が、「あの者は褒美がもらいたくて親孝行の真似《まね》をしているのです」と注進すると、吉宗は「よいことを真似するのは結構じゃないか」といったというのです。

孟子の言に

「西子《せいし》も不潔を蒙《こうむ》らば、即ち人皆鼻を掩《おお》いて之《これ》を過ぎん」

とあります。シナ春秋時代の越の国の西施《せいし》のような伝説的な美人でも、汚いものを着ていれば誰もそばに寄ってはこないというわけです。

このように、志というのは見えにくいものであるし、志が間違っていてもいい行為を続けていくうちによくなることもある。そう考えると、行動が正しければそれでよしとしなければならないことも多いのではないでしょうか。それで成功する人があるということは心得ておくべきです。

5 本当の智恵とは自らの分を知って行動することをいう

非常識な英雄豪傑の中にも人格崇高な人が稀にいる。ゆえに人格と常識が必ず一致するかどうかはわからない。しかし、本当に役立つ人となるために必要な才智とは、常識の発達によって身につくのではないかといって、渋沢は常識の重要性を説いています。

では常識の発達には何が必要かというと、第一には自分の境遇に注意することで、自らの置かれた立場をわきまえなくてはいけないというのです。

その例として、渋沢は『論語』先進篇にある次の話を挙げています。

孔子が弟子たちに「おまえたちは何をやってみたいのか」と尋ねます。最初に子路が「自分は国を治めたいと思います。三年もあれば国民が道をわきまえるようにする自信があります」と答えると、孔子は笑って受け流しました。

そのあと冉有《ぜんゆう》や公西華《こうせいか》たちがそれぞれ立派な志を述べ立てますが、曾點《そうてん》（曾皙《そうせき》）という弟子だけは黙ったまま琴を弾いていました。それを目にした孔子は「おまえの意見をいってみろ」といいました。すると曾點は「私の考えは他の人のように立派なものではないので……」といいにくそうにしています。

「遠慮なくいってみろ」となおも孔子が勧めると、曾點は「自分は春の終わりに新しい着物を着て、若い者を数人連れて、景色のいい温泉に入って風にあたり、歌でも歌いながら帰りたいと思います」と答えました。それを聞いた孔子は、「ああ、私もおまえのようにしたいなあ」と楽しそうにいいました。

孔子はなぜ子路の答えを笑い退け、曾點を讃えたのでしょうか。一つには、それは言葉を発するときも第一に大切なのは礼儀を重んじることなのに、子路がいきなり大言壮語したからです。自分の立場をわきまえていないというのです。もう一つは、孔子も本当はのんびりした老年をおくることを望んでいたからでしょう。孔子の本音ともいえます。

凡人が孔子のような心境に到達することはなかなか難しいでしょうが、その反対の方向には容易に走りがちです。少し調子がいいと自分の境遇を忘れて、分不相応なことを考えてしまいます。あるいは、困難にぶつかると必要以上に打ちひしがれてしまいます。それではいけないのであって、そうならないために常に自らの境遇をわきまえておかなくてはならない、と渋沢はいうのです。

ただ、孔子は子路を評価していなかったわけではありません。むしろ高く評価していました。それについては子路の目を通して孔子を描いた中島敦の小説『弟子』をぜひ一読していただきたいと思います。

孔子は子路の自らの立場をわきまえない発言を笑いながら、自らもときとして自負にあふれた言葉を発しています。

たとえば桓魋《かんたい》という男が孔子を殺そうとしたので門人が怖がると、

「天、徳を予《われ》に生ず。桓魋それ予を如何《いかん》」

（私は天から命を受けているのだ。桓魋などに手が出せるわけがない）

といって平気な顔をしていました（述而篇）。

またあるとき、匡《きょう》の国からの帰り道で、陽虎という乱暴者と間違われて大勢に囲まれて危害を受けそうになったことがあります。このときも孔子は

「天の将《まさ》に斯《こ》の文《ぶん》を喪《ほろぼ》さんとするや、後死の者斯の文に与《あず》かるを得ざるなり、天の斯の文を喪さざるや、匡人《きょうひと》それ予《われ》を如何《いか》にせん」

（もしも天が自分の唱えている文化を滅ぼそうとするならば、後世の人はこの文化に預かれなくなるはずだ。天がこの文化を滅ぼさない限り、匡の者たちが自分をどうするわけにはいかないはずである）

といって泰然としていたという話があります（子罕篇）。

しかし、これらの言葉は大言壮語というより、孔子の信念の強さを示したものでしょう。

孔子に限らず、宗教などでも宗祖になるような人は凡人には理解しがたい自信を持っています。それは、自らの境遇をよく知って修養を続けたからに他なりません。聖人になるのは難しいとはいえ、我々も「自分はこの道にかけている、自分がやらなければ誰がやるのか」という揺るぎない信念を持って精進すれば、やがてオーラのようなものが発散されるようになるのではないでしょうか。私が接した世に成功者といわれる人には、どこかそういう一面がありました。

また渋沢が孔子の振る舞いで面白いといっている場面があります。

孔子が大廟に入ったときに、しきたりを細かく尋ねるのを見た人が、本当に礼を知っているのかと怪しんで孔子に聞くのです。「あなたは礼の大家のような顔をしている割にはいちいちしきたりを聞いていますね」と。すると孔子は平然として、「この場合はいちいちしきたりを聞くのが礼なのだ」と答えるのです。

つまり、細かく尋ねることがその場に適応した礼であったわけです。時と場合に応じて不動の精神や強烈な信念を示したり、しきたりを細かく聞いたりする。これが本当の智恵というものなのでしょう。

6 日本人の精神の荒廃は教育勅語の廃止とともに始まった

陽明学では知行合一といって、志に思うことが行為に現れると考えます。ゆえに志が善ならば行為も善、行為が悪ならば志も悪ということになるわけです。

しかし、志が善でも行為が悪になることもあるし、行為が善でも志が悪になるようなこともあるように見える、というのが先にも述べた渋沢の考えです。

果たして西洋の学問ではこれをどう考えているのか、と渋沢は疑問を持ちます。そしていろいろ調べてみると、自分の説はパウルゼンの倫理説と合一するように思う一方で、ミュアヘッドという倫理学者の説はどうも感心しないというのです。

ミュアヘッド（一八五五〜一九四〇）はスコットランド人で、オックスフォード大学で学び、『エレメンツ・オブ・エシックス（倫理学大綱）』という本が倫理学の本にしては珍しくベストセラーになりました。その説は、動機が善ならば結果は問わない、悪でもいいという動機説です。

対するパウルゼン（一八四六〜一九〇八）はドイツ人哲学者であり、ベルリン大学の教授を務めた人です。彼はカント研究から哲学の道に入り、最後は教育学者になりました。『倫理学体系』『哲学入門』といった本を書いていますが、この哲学書も例外的によく売れました。

パウルゼンの説は、動機と結果、つまり志と行動をそれぞれ見比べて考えなくてはならないというもので、動機が善であっても結果が悪ければそれは悪い行為だというように、バランスを見て善悪を決めるという考え方をします。

渋沢はこのパウルゼンの説のほうが確かに思われるといっているのです。

おそらく渋沢は誰かに講義を受けたものと思われますが、わざわざドイツとイギリスの倫理学者の説を学ぶほど、倫理学に関心があったようです。もちろんその関心は「論語と算盤」という自説を改めて確認するためのものであったはずです。

今では忘れられていますが、実は明治の頃の大きな問題の一つは倫理学でした。それまで日本は儒教一本槍《やり》で来たけれど、儒教の国であるシナは西欧の植民地になっている。そのような国の学問で大丈夫なのかという議論が沸き起こったのです。福沢諭吉などは、もう『論語』では駄目だというので実学、つまり西洋の技術を学ぶほうへと傾倒していったわけです。

この日本の倫理問題に決着をつけたのが教育勅語でした。その経緯を簡単に述べてみましょう。

果たして道徳は進化するか

明治十一年に、アメリカの哲学者で岡倉天心と交流を持ち、日本の美術を世界に広めたことで知られるアーネスト・フェノロサ（一八五三〜一九〇八）が来日しています。彼は東京大学で哲学、政治学などを講じますが、その中でダーウィンの進化論をベースとした社会進化論という考え方を初めて日本に紹介しました。

あらゆるものが進化を遂げていくという進化論の考え方は、明治の日本人には新鮮に映ったことでしょう。しかし、そこには同時に疑問も生じました。果たして道徳も進化するのか――。これが明治の倫理問題の発端となったのです。

この風潮を心配したのが明治天皇でした。進化とは少しずつ新しいものへ変わっていくことであり、それを肯定するのが進化論です。一方、儒教の考えでは古《いにしえ》に理想があるとします。つまり、古きが故《ゆえ》に尊いとされてきたわけで、進化論とはベクトルが正反対です。

明治天皇は、進化論が広まると古いものはすべて否定されてしまうのではないかと考え、これは皇室の存続にもかかわる問題であると不安に思われたのです。当時の政府の重鎮である伊藤博文などは単純進歩論主義者でしたから、なおさらです。

そこで明治天皇の侍講を務め、その意図を心得た儒学者の元田永孚《もとだながざね》と、伊藤博文の息がかかった内閣法制局の井上毅《こわし》が話し合い、日本の伝統的な道徳観を保持しつつ、新政府が推し進める思想・宗教の自由を阻害しない形のもので、世界中に通用し、かつ昔も今も変わらない普遍的な内容だけを集めて、日本の倫理の根本とすることに決めたのです。すなわちこれが教育勅語です。

そのモットーは「之ヲ古今ニ通ジテ謬《アヤマ》ラズ、之ヲ中外ニ施《ホドコ》シテ悖《モト》ラズ」（昔も今も正しく、外国において行《おこな》っても間違いがない）という文言で教育勅語の中にも示されています。

明治政府は日本の方針を世界に知らしめるために教育勅語全文を英訳して各国に配布しました。すると、どこからも文句が来なかったといわれるように、確かに教育勅語の内容は古今東西に通じる普遍性を持つものだったのです。

この教育勅語の誕生が、日本の倫理問題に終止符を打ちました。以後、日本では倫理問題は学者間の研究テーマとなり、国民の意識からは離れてしまいました。その意味で、教育勅語は日本人の倫理観に決まりをつけたといえるのですが、その一方で倫理学というものへの関心を薄めてしまったといえるかもしれません。

とりわけ昭和二十三年に教育勅語が廃止されてから、日本には新たな柱となる倫理綱領が存在していません。結果として、日本人の倫理観は地に墜《お》ちたような状況になっています。日本には今、明治以来の倫理問題が生じているといってもいいでしょう。ともすれば経済や外交ばかりが問題視されますが、倫理問題の決着をつけることも我々に突きつけられた大きな課題です。いや、むしろそこから出発しないと、経済や外交の方針も確固たるものにならないのではないかと思うのです。現状に対して渋沢ならどういったか知りたいところです。

7 学んだことを社会で正しく役立てるところに学問の真価がある

七十四歳のとき、渋沢栄一は「自分は一日として職務を怠らず、毎朝七時少し前には起きて、来訪者に面会するようにしている」といっています。いつまでも勉強の心を失わず、怠惰であってはいけないというのです。

時を知り事を選ぶには知力が必要で、それは学問を修めることで身につく。さらに身につけた知力を働かせるためには、さらなる勉強をして行わなければならない。だから勉強は必要なときだけすればいいのではなく、終世続けることが大事なのです。

渋沢の観察によると、勉強心の強い国ほど国力が発展し、怠惰な国ほど衰弱しているといい、「我が隣りのシナなどは不勉強のいい例である」と指摘しています。

実際、当時のシナは本当に怠惰で、ごく少数の人が昔ながらの科挙を受けるための古い本を暗記している程度でした。その結果、ほぼ無抵抗のまま欧米列強の植民地とされていったのです。日本では「シナの真似をするな」といわれていましたし、実際に日本のほうが進取の気性に富み、意欲的に新しい学問を導入していました。

もちろん、人が成功するには学問だけがあればいいわけではありません。

『論語』先進篇には、

「**民人あり、社稷《しゃしょく》あり、何ぞ必ずしも書を読みて、然る後に学と為《な》さん**」

とあります。これは子路の言葉ですが、「人民もあり、国家社会というものもあるのだから、必ずしも本を読むことばかりが学んだということにはならないでしょう」という意味です。

この言葉に孔子は「だからこの口の上手いやつは嫌いなんだ」と答えていますが、子路がいいたいのは「口ばかりで実行しないのは駄目である」という意味であり、自分もそれは大切だと思っていると渋沢はいっています。机上の学問だけでは足りず、もっと現実の勉強もしなければならないというわけです。

机上の学問だけを信頼して痛い目に遭うというのは、ヘッジファンドの崩壊を見ても明らかです。その元凶となったサブプライムローンという金融商品は、ハーバード大学をはじめとする立派な大学で勉強し、理学博士や工学博士となった秀才たちが金融工学を駆使して緻密《ちみつ》な計算のもとにつくり上げたものです。

しかし、彼らは決定的なミスをおかしました。土地の値段は上がり続けるということを前提条件としてしまったのです。仕事の経験が乏しく現実社会を知らない彼らは、上がったものはいつか下がるというシンプルな常識がわからなかったのです。

何事にも緻密な面は大切ですが、常に現実と見比べて研究しないと、砂上の楼閣を築くだけになってしまいます。ゆえに机上の学問だけではなく、同時に現実の勉強もしなければ、本当に役立つ学問にはならないのです。

『論語』にしても同じで、読んで知識を増やすだけではたいして意味がありません。

何事にも緻密な面は大切ですが、常に現実と見比べて研究しないと、砂上の楼閣を築くだけになってしまいます。ゆえに机上の学問だけではなく、同時に現実の勉強もしなければ、本当に役立つ学問にはならないのです。

実生活の中で役立てて初めて、その精神は光を放つのです。くれぐれも「論語読みの論語知らず」にならないように、注意しなくてはなりません。

8 甘い誘いに乗って身を滅ぼさないための渋沢流危機回避法

事物に対して正邪曲直の明瞭《めいりょう》な者は、善し悪しの常識的判断はすぐにできるものであるけれど、場合によってはそれができないこともある、と渋沢はいっています。

たとえば、道理を楯にとって言葉巧みに勧められると、自分の平生の主義主張とは逆の方向に踏み込んでしまうことがある。そこで自分を見失わないようにするには、日頃から意志の鍛錬を積んでおく必要があるというのです。

そして、そういう場面に遭遇したら、相手の言葉を常識に照らし合わせて自問自答してみる。そして、目先の利益は得られたとしても後々不利益が起こらないかどうかと考えてみる。その結果として善悪を判断し、善を選ぶようにすればいい。それが「正に就き邪に遠ざかる道である」と渋沢はいっています。

事件というのは唐突に起こるものですが、そこで慌てず、少し冷静になって考えるように平素から鍛錬していれば、危険から遠ざかることができます。そのためには自省を怠らず、自分の意志を強固にしておくことが重要なのです。

これは渋沢自身が経験から学んだ危機回避の方法だと思われますが、私もかつて、こういう経験をしたことがあります。

ある専修学校があり、それに私の恩師が関係していたのです。そのつてで、私に学校の校長になってくれないかという申し出がありました。

「校長になったら仕事ができません」と私がいうと「名前だけ貸してもらえればいいから」というのです。恩師からの話でもあり、そういうことならと承諾しました。しかしそのとき、実際に仕事はしないのだから給料をもらうのはまずいと判断し、金銭は一文も受け取らないという条件にしてもらいました。

そうしたところ、その学校の実質的な経営者が無理な生徒募集をやり、新聞に叩かれるという事態が起こりました。私が校長だというので、大学の左翼連中が騒ぎはじめたのですが、私が一文ももらっていないという事実が明らかになると、騒ぎは簡単に収束しました。

私がもし金銭を要求したならば、経営者は喜んで出したでしょう。しかし、私は名前だけを貸して給料をもらうというのはおかしいだろうと、常識に基づいた判断をしたのです。それが私を救いました。


言葉巧みな誘いというのは我々の周りに数多くあります。新聞を見れば、マルチ商法やインチキ投資話に引っ掛かって財産を失う人の話は後を絶ちません。

そうした危険を回避するためには、いかに生きるかという自らの信念を明確にしておくとともに、誘いを受けたときによくよく考えて、相手の言葉の真意を見極めなくてはなりません。

その力は日常的な鍛錬によって磨かれていくものであり、その鍛錬を行うために最も適したテキストが『論語』であるというのが渋沢の考え方なのです。

第四章 ● 仁義と富貴

正しい富の使い方

1

仁義道徳と利殖はどちらも欠かすことのできないもの

実業を行う目的は利殖を図ることですが、そのときに自分だけが儲かればいいという考えで行えば、決して長続きするものではありません。

「上下交々《こもごも》利を征《と》りて国危し」（上も下も利益利益といったならば国が危ない）というのは孟子の言葉ですが、真正の利殖は仁義道徳に基づかなければならないのです。これは渋沢が繰り返し主張する持論です。

しかし、仁義道徳を重視するあまり、朱子学が唱えるように利欲をすべて否定するのは問題です。それは現実を見ない空理空論というものであって、宋が元に滅ぼされた理由もそこにあります。

日本では徳川家康が官学として取り入れたのが朱子学であったため、その影響が強く、徐々に武士は利益を語ってはいけないという方向に進んでいきました。

「武士は食わねど高楊枝《たかようじ》」という諺《ことわざ》は、儒教を朱子学的な教養の書としてとらえてしまったことを象徴するような言葉です。

それとともに、士農工商の順番で並べた身分制度からもわかるように、江戸時代は利を追求する商業を徹底的に賤しむ方向に発想が向いてしまいました。その結果として、コインの裏表の関係であるべき「論語」と「算盤」が分離してしまった、というのが渋沢の見解です。

これは見事な解釈です。渋沢ほど明快に儒学史を説いた人は少ないでしょう。また、それが的を射ているのです。

たとえば、信長も秀吉も、そして家康すらも商人と一緒に茶の湯をやっています。彼らは商人を賤しんではいないのです。

ところが徳川三代将軍家光、四代将軍家綱の時代になると、将軍と商人が同じ座に着くなどは夢にも考えられなくなりました。そのあたりから朱子学の影響が強くなり、それは明治になるまで続きました。

それを象徴する話があります。維新後に、徳川家十六代当主の徳川家達《いえさと》さんを東京市長にしたらどうだろうという話がありました。そのとき、本人にその旨を尋ねると「東京市長とは江戸町奉行のようなものか」といったというのです。その言葉を聞いて、頼みに行った人は恐れ入って帰ってきたといいます。

明治になってもなお、庶民とは感覚が違うのです。町人と座を同じくするなど、考えの範疇《はんちゅう》に入らないのです。

家康自身は朱子学が浸透する以前の人だから、町人と茶の湯をやったり、町人から武器を買ったりしていました。しかし、それは朱子学の浸透とともに消えてしまいました。そのため、財政に困った大名家では、家老がこっそり商人に会い、資金を用立ててもらっていました。そこにお家騒動の種がまかれて、家老が悪者にされてしまうというのが時代劇の一つのパターンです。それは藤沢周平の小説にもよく出てきます。

仁義道徳は必要だけれど、だからといって利を否定すれば国は滅んでしまう。どちらかをとるのではなく、どちらも必要なのだということを理解しなければなりません。

2 悪いのは富ではなく、間違った富の使い方である

お金は尊いものですが、それをいいものにするか悪いものにするかはその人の使い方次第である、というのが渋沢の意見です。

たとえば親睦会で久しぶりに集まると必ず飲食がともなうものだし、あるいは久しぶりに友人が訪ねてくればご馳走《ちそう》でもしなければならない。旧交を温めるのは非常にいいことだけれど、それにはお金が必要になるのです。

「銭ほど阿弥陀《あみだ》は光る」とか「地獄の沙汰も金次第」という諺もあるように、お金の効力は大きなものです。

しかし、お金も上手に使えばいいけれど、とかく世間の人は悪用したがる。ゆえに昔からそれを戒める言葉も多いのです。

「小人に罪なし、宝を抱くこれ罪」「君子財多ければその徳を損し、小人財多ければその過《あやまち》を増す」というし、『論語』述而篇には

「不義にして富みかつ貴きは、われにおいて浮雲のごとし」

とあります。また『大学』では、

「徳は本なり、財は末なり」

といっています。

明治天皇の皇后であった昭憲皇太后は教訓的な歌をたくさんつくられた方ですが、その一つにも、

「もつ人の心によりて宝とも　仇ともなるは黄金なりけり」

とあります。まさに宝とも仇ともなるのがお金というものです。

そして渋沢は、ここで『論語と算盤』のエッセンスの詰まったような『論語』の言葉を引用しています。述而篇《じゅつじ》にある言葉です。

「富にして求むべくんば執鞭《しつべん》の士といえども、われまたこれをなさん」

そのあとに、

「もし求むべからずんば、われが好むところに従わん」

と続きます。

前半は「きちんとした富が手に入るならば、私は執鞭の士になってもかまわない」、後半は「(富を手に入れるのに) してはいけないことをしなければならないのならば、自分は貧しくてもいいから好きなことをやる」という意味になります。

ここに出てくる〝執鞭の士〟とは、日本でいえば大名行列で「下に下に」といって歩く役。身分の低い賤しいとされる仕事の象徴として使われています。

要するに孔子は、きちんとした仕事であるならば、執鞭の士であっても賤しい仕事ではないし、その点で職業に上下はないといっているのです。ただし、道に外れた仕事をして富を得るのだとしたら、そういう仕事は自分はやらない。貧しくてもかまわないから自分の好きなことをやる、と。

そしてもう一つ、渋沢は、

「邦《くに》に道あるに、貧しくしてかつ賤しきは恥なり。邦に道なきに、富みてかつ貴きは恥なり」

という言葉を引用しています。『論語』泰伯篇にある言葉で、「国家に道があるのに貧しく、低い地位にいるのは恥であり、国家に道がないのに富み、高い地位にいるのは恥である」という意味です。

つまり、国に道（道理）があるにもかかわらず貧乏であるのは一所懸命に働いていない証拠であるし、国に道がないのに金儲けをしているのは悪い仕事に手を染めている証拠であるというわけです。

この二つの言葉が『論語と算盤』には繰り返し出てきます。これらは渋沢栄一の富に対する考え方を的確に表しています。朱子学の富の考え方と自分の考え方は違うのだといっているのです。

3 正しい方法で富を得ることが最も大事なこと

孔子の説で儒者、とくに朱子学者が最も誤解していたのは富貴の観念であり、貨殖の思想であろうと渋沢はいいます。

彼らは「仁義王道」と「貨殖富貴」は相容《い》れないものだと信じ切っているけれど、

孔子は「富貴の者で仁義王道の心がある者はないから、仁者になろうと心がけるならば富貴の念を捨てよ」とは『論語』のどこでもいっていない。それどころか、

「**富と貴《たっと》きとは、これ人の欲する所なり**」（里仁篇）

といって、富を認めているじゃないか、というのです。

ただし「**其の道を以てせずして之を得れば処《お》らざるなり**」（同）とあるように、「正しい方法で得たものでなければ自分はそんな富に安住しない」と孔子はいうのです。

また「**貧と賤とはこれ人の悪《にく》む所なり、其の道を以てせずして之を得れば去らざるなり**」（同）とあるように、貧しさや低い身分は誰もが嫌がることだが、正しい道を外さずにそうなったならば、自分はそれを避けることはしないといっています。

ゆえに、孔子は富自体を否定しているわけではありません。正しい道を踏まずに富を得ることがよくないといっているにすぎないのです。

これは先ほどの「富にして求むべくんば、執鞭の士といえども、われまたこれをなさん。もし求むべからずんば、われが好むところに従わん」も同様です。職業の貴賤ではなく、正しい仕事かどうかを問題にしているのです。

渋沢はここを繰り返し強調します。富を得る方法が道に適っているのか、道から外れているのか、そこが大切なところで、富を得ること自体は何も悪くはないのだと。

この「富が問題なのではなく、その取得方法が問題である」というのが渋沢栄一の『論語』解釈の核心です。そこから、正しく富を得るためには、算盤勘定だけでなく道徳を学ばなくてはならないという「論語と算盤」の考え方が出てくるのです。

4 集めたものを社会に善用する、これが正しいお金の使い道

お金とは何物にも替え得るという点で物品の代表者である、と渋沢はいいます。お金がなかったらどれほど不便だろうか。貨幣制度があるおかげで、物の適正な値段も決まり、売買も容易に行うことができるのだ、と。

だからお金は貴ぶべきものだけれど、かといって貯《た》めるだけではよくない。よく集めると同時に、よく散じていくべきものである。つまり、お金を善用して社会を活発にしていく。これが重要だというのです。

それを渋沢は次のように表現しています。

「金は貴ぶべくまた賤しむべし、これをして貴ぶべきものたらしむるのは、ひとえに所有者の人格による」と。

よく集めよく散じて社会生活を活発にしようとした例として、戦前の不景気のとき、松下幸之助さんが当時非常に高価であった自動車を買ったことが挙げられます。松下さんはまだ町工場の成功者にすぎなかったから、高級自動車を買うような贅沢《ぜいたく》をする余裕があるのかと聞かれました。そのとき、「不景気だからといって、誰も買わなければますます不景気になるじゃないか」と答えたそうです。

松下さんは贅沢のためというより、自分がたまたま儲かっている一方で世の中は不景気だというので、自動車でも買って多少でも社会貢献しようと考えたのです。渋沢のいう「よく集めてよく散じる」とはこういうことをいうのでしょう。

ところが、今のようなヘッジファンドの時代になると物と金の関係が切れてしまうのです。現物を買うわけでもないのに世界中のＧＮＰの百倍ぐらいの金が動くというおかしな時代には、あらゆる道徳的な発想は通用しなくなります。

そしてその結果として、金融大恐慌がやってきたのです。

我々は今、渋沢栄一の生きた時代のように、物と金が実質的に釣り合う方向に時計の針を戻さなくてはいけないのではないでしょうか。そういう反省が求められていると思うのです。

第五章 ● 理想と迷信

本質を見る目を養う

1　信用がなければビジネスは成り立たない

「戦争して負けては困るが、ただ国力を挙げて戦争にのみ奔《はし》るということは王道に適するものでは無い」――「道理ある希望を持て」と題された項目の冒頭を、渋沢栄一はこのように切り出しています。今読むと、唐突な印象を受けるこの一文の背景には、ヨーロッパで始まった第一次世界大戦がありました。

当時、日本製品はいわゆる戦時特需で、なんでも売れるような勢いでした。嘘か誠か、あまりにも売れるので缶詰に石を入れて売ったという話も残っています。そうした姿勢が日本の信用を損ねることもあったようで、「メイド・イン・ジャパンはインチキくさい」という評価も下されることになりました。

渋沢はそれを心配して、平和を回復したあとのことをよく考えて、慎重に事を進めなくてはならないと注意しています。時局に乗じるのも重要だが、将来も考えて道理ある希望を持って行動すべきだと戒めているのです。

そして、どうしても守らなくてはならないのは商業道徳であり、商業道徳とは一言にしていえば信である、と力説します。信を守れなければ、実業界の将来はないといっているのです。

その頃に出会ったアメリカ人が日本人を評して、「日本人全体を観察するとそれぞれが希望を持って活発に勉強する国民である」といったのを聞いて、渋沢は非常に喜んでいます。自分も国家がますます前進し、多くの国民が幸福になることを希望している。とりわけ実業に従事する者はそのような希望を抱いていなければならないし、そのためにも信の一字を守らなくてはならない、と。

信用というものの重大性は、現在もなお変わりません。とりわけ、アメリカのサブプライム問題は、信がビジネスに欠かせないものであると改めて認識させられる出来事でした。彼らは、絶対にローンが払えないとわかっている人にまで融資をして儲けようとしたのです。そんな詐欺まがいの商品が破たんして、世界中に害悪がまき散らされているのです。

渋沢のいう実業界における信が今、世界的に問われているといってもいいでしょう。

② 一流とは仕事を楽しむ境地に達した人をいう

いかなる仕事をするときも趣味を持たなくてはいけない、と渋沢はいいます。この趣味とは、仕事の他に何か楽しみを持つという意味ではありません。心の底から自分の仕事を好きになり、「この仕事はこうしてみたい」「こうすればこうなるだろう」というように、理想や欲望を加えていくことをいっています。

これはまさに『論語』雍也篇にある

「之を知る者は之を好む者に如《し》かず、之を好む者は之を楽しむ者に如かず」

という孔子の言葉と同じです。

仕事でも勉強でもよく知っているのはいいことだが、それが好きだというのには及ばない。好きであるのはいいのだが、それを楽しむのには及ばない――つまり、仕事でも勉強でも楽しむ境地にまで達すれば本物で、これが趣味の極致なのです。仕事であれば、それを楽しむ境地に至れば一流の経営者となり得るでしょう。

孔子のこの言葉は大変有名で、私も大学院の卒業後に行われるパーティーのスピーチで使って話をしたものです。

「皆さんは大学院まで出たのだから勉強はよく知っているでしょう。また勉強が嫌いなわけでもないだろうから、好むところまでは到達している。でもこれからは、楽しんで勉強するところまでいかなければいけません」と。

楽しんで勉強したかどうかは定年退職するとよくわかります。私の観察によると、定年退職後もなお継続して学び続ける人は、学問を楽しむ境地に達した人です。それを好むまでの人は、定年と同時に勉強はやめて、他の趣味に変わるものです。

スイスの哲学者カール・ヒルティ（一八三三～一九〇九）は「一所懸命やると楽しくなるのが仕事の本質である」といっていますが、会社の経営者と多くの一般社員との違いはここにあります。社長はだいたいどんな苦労でも楽しむものですが、社員は仕事を知り、仕事を好きになるところまでで終わるケースが大半です。

仕事が楽しみになれば、時間も名誉も金銭も超越することができます。ゆえに、仕事を楽しめる人は本当の経営者になれるのです。

3 一つのものの中にも変わるものと変わらないものがある

道徳は文明の進展にともなって進化するものかどうかという話は先にも出てきましたが、渋沢は道徳も進化することがあるのではないかと考えました。

たとえばシナに二十四孝という親孝行の例を二十四挙げている話があります。その中の一つに、王祥《おうしょう》という人が親を養うために鯉を捕ろうと思って、凍った池の上に裸になって横たわったら氷が解けて鯉が飛び出したという話があります。

しかし、これは普通ならば凍死してしまうわけで、親孝行をしようとして死んでしまっては親孝行にはならないだろうと渋沢はいうのです。こんな馬鹿な話を信じないようになったのは、道徳の進化といってもいいのではないかというわけです。

同時に、進化しない道徳もあるのではないかと渋沢は考えました。たとえば、仁義というものは東洋だけでなく、西洋でもそれほど変わっていないようにみえる、と。つまり、道徳の進化とは、親孝行のために氷の上に横たわって鯉を捕るといった、その時代には親孝行と考えられていた部分が、時とともに変わっていくのだろうと考えたのです。一方、親孝行の本質は変わるわけではないので、こうしたものは人類に普遍の道徳と考えていいだろうというわけです。

鯉を捕る話もそうですが、シナの親孝行の話にはおかしなものがずいぶんあります。たとえば、あるシナの役人が人肉を好んで食べるというので、自分の家にいいように取り計らってもらおうと、幼い乙女が自ら油の鍋に飛び込んで油揚げになった。そうしたら役人は非常に喜んで、その家は大いに栄えたというようなグロテスクな話もあります。

これが親孝行であるといわれると、我々は首をひねらざるを得ません。そういう馬鹿げた話が信じられなくなったという点で、確かに道徳は進化するといってもいいのかもしれません。しかし、親孝行がいいものだという本質はいつの時代でも変わっていません。

ゆえに道徳の本質は、科学の進歩によって事物が変化するように変化するものではない。道徳にも不易流行があるといえばわかりやすいでしょうか。

4 自我を抑制するところにしか真の平和は訪れない

「強い者の申し分はいつも善くなる」という諺があります。これは「力は正義なり」、英語でいう〝マイト・イズ・ライト（Might is right.）〟と同じ意味の諺です。

これは確かにそのように見えることもあります。文明が進めば道理を重んずる心も平和を愛する情も強くなってくるし、争いを嫌う念も強くなります。ゆえに、文明が進むほど戦争は少なくなっていくように思えます。

しかし、実際には文明が進んでも第一次大戦のような大戦乱が起こっているし、残虐性も強くなっている。強い者が無理な言い分を押し通そうとしているのが今日の有様ではないのか――渋沢はそのような疑問を抱きました。

そして考えるのです。国際的に通ずるようにするための道徳がないものだろうか。弱肉強食という考え方を国際的に通用させないようにする工夫はできないものだろうか、と。

それができないとすれば、今の世界にはまだ文明が足りないというべきなのではないか。せめて我々は「己れの欲せざる所は人にも施さずして」「少なくとも他国に甚しく迷惑を与えない程度において」自分の国を盛んにしたいものである、というのです。


歴史を振り返れば、確かに戦争を経て文明が明らかに進んだと思わせる出来事があります。たとえば一六一八年から四八年にかけて、プロテスタントとカトリックの宗教対立をきっかけにヨーロッパ中に拡大した三十年戦争という戦争がありました。

それを終結させたのが有名なウェストファリア条約です。この条約が締結されたことによって、これ以降、宗教と政治を結びつけないこと、小国でも大国でも国際的には平等であることが確認されました。これは明らかに文明の進歩であり、それ以降、世の中は確かによくなりました。

ところが、それで戦争がなくなったわけではありません。フランス革命が起こり、ナポレオン戦争が勃発《ぼっぱつ》すると、ヨーロッパはまた戦火に包まれました。今度は一八一五年にウィーン条約（議定書）が結ばれて文明はまた一歩進みましたが、それでも戦争が消滅したわけではなく、一九一四年には第一次大戦が勃発し、その後も現在まで戦争はなくなっていません。

〝マイト・イズ・ライト〟という考え方がある限り、戦争はなくならないのではないかとさえ思えるのです。

そういう見方をすれば、文明が進んでいるように見えても、それが非常にマイナスに働いている部分もあります。わかりやすくいえば、第一次大戦のときより第二次大戦が道徳的であるとは決していえません。第一次大戦のときは毒ガスが使用されましたが、第二次大戦では原爆や無差別爆撃という新たな概念が生じています。

その反省から、少なくとも現在のところ核兵器は使用されていませんが、それに代わる新兵器の開発は続いており、実際に戦場で使用されてもいます。

こうした様子を見ると、文明の進歩によって世の中がよくなっているとは断言できません。渋沢のいうように、今の世界にはまだ文明が足りないと思わざるを得ないのです。

こうした矛盾点を解決するためにも道徳が必要なのであると渋沢は唱えています。

「もし国民全体の希望に依《よ》って、自我のみ主張する事を止め、単に国内の道徳のみならず、国際間において真の王道を行うという事を思うたならば、今日の惨害を免れしめることができようと信ずる」と。

5 自分のために一所懸命やれば、それが社会のためになる

人が世に生まれた限りは必ずなんらかの目的がなければなりません。その目的にはおおよそ二つの見方があります。渋沢はそれを〝客観的な人生観〟と〝主観的な人生観〟といういい方で区分けしています。

まず客観的な人生観というのは、人のため、親のため、社会のためという考えを主とし、自分を従に置きます。一方、主観的な人生観というのは、ただ自分一人だけを考え、社会や他人のことは考えないというものです。

たとえば、自分が借金をしたのならば当然払わなくてはならないから払うし、税金も自分が生存する国家の費用だから当然払う。しかし、それに加えて他人のためや公共事業のためにまで自腹を切って金を出そうとはしない——これは主観的な人生観であると渋沢はいいます。

このような主観的な人生観を持つ人が増えれば国家社会は賤しくなり、不安になり、退廃への道をたどる。国家社会を理想的なものにするためには客観的な人生観こそ大切で、自分はそうした客観的な見方に与《くみ》するといっているのです。

さらに渋沢は『論語』雍也篇にある

「**仁者は己《おの》れ立たんと欲して先《ま》ず人を立て、己れ達せんと欲して人を達す**」

という言葉を挙げ、次のように語ります。

「この言葉は自分を主としているような意味にもとれるが、孔子の真意はそうではない。まずは人のことを第一に考えるのが君子の行いの順序であると教えているのである。孔子はそういう覚悟で世に処してきたのであるし、自分もまた人生の意義はかくあるべきだと思うのだ」と。

バーナード・ド・マンデヴィル（一六七〇～一七三三）という人が書いた『蜂の寓《ぐう》話《わ》』という本があります。この本の中でマンデヴィルは、悪徳とされるような贅沢や貪欲《どんよく》や嫉妬《しっと》であっても、それをエネルギーとして自分のために一所懸命やっていると社会全体のためになる、という考え方を述べています。

この論は、自分の利益のためにみんなが一所懸命やっていれば、それによって全体が栄えてくる、といいかえてもいいでしょう。

そう考えると、渋沢が主張するように最初から客観主義によって人生に処するのではなく、主観主義から入ってもいいと思うのです。要は、主観主義がいきすぎて、他を害してもかまわないという考えにならないように注意すればいいわけです。

観念的にいえば、確かに人のために尽くすのが一番いいのですが、これはなかなかできるものではありません。ならば、自分のためを第一に考えてもいいと思うのです。たとえば菓子を作って売っている人ならば、たくさん利益を出すために、おいしい菓子をつくる努力を徹底的にすればいい。それによって世の中においしい菓子が生まれ、食べた人が喜べば、結果的に社会に貢献していることにもなります。

客観主義は近代の一つの思想ですが、私はむしろ、主観的な要素を忘れてはいけないといいたいのです。渋沢は福沢諭吉の「独立自尊」は主観的なので、それでは不十分だろうといっていますが、独立自尊は利己主義ではないので、独立自尊を使って利己主義だけになる傾向を見て渋沢は心配したのだと思われます。

6 富国と強兵を両輪として進めなくては真の文明国とはいえない

渋沢栄一が実業家として活躍した明治から大正の当時、世界の文明国といえばイギリス、フランス、ドイツ、アメリカなどが挙げられます。では、それらの国に共通する文明とは何かといえば、それは国体が明確であって制度が厳然と定まり、一国を成すに必要なすべての設備が整い、法律が完備し、教育制度も行き届いている。その上に一国を十分に維持し活動すべき実力がある国を文明国というのだと渋沢は定義しています。

この実力には兵力をはじめとして、警察制度や地方自治体などが含まれますが、それらすべてがバランスよく整っていなくてはいけないというのです。

しかし、「優孟《ゆうもう》の衣冠」（立派な着物もその人柄に似合わないことがある）という諺があるように、文明の体裁は整っているように見えても、その根本がしっかりしていない場合もあります。真正の文明とは、制度文物と国民の人格と智能が一致して初めて成立するものであり、形式と実力が一致していなくてはならないのです。

いいかえれば、富国と強兵がバランスよく備わっていること、これが文明国の条件となります。

ところが日本の場合、強兵がまず先に進んで、富国が後から追いかけるような形になりました。そのため、日露戦争の頃は、軍事力は一流だったものの富力が欠如していました。結局、戦費が底をつき、早期の終結を図らざるを得なかったのです。

ゆえに、文明を整えるためにその道具となる武器を整えるのはいいけれど、富の根本である実業を軽視してはいけないと渋沢は主張するのです。当時の日本の軍事優越主義に対して、それを支えるべき産業が脆弱《ぜいじゃく》すぎると警鐘《けいしょう》を鳴らしているわけです。

この軍事が先行し富力が欠如するというパターンは新興国にしばしば見られます。中国、あるいは北朝鮮やインド、パキスタンなどは、核武装をはじめ軍事力増強に熱心ですが、それに比して民衆の生活はひどく落ちる状況にあります。

あまりにも軍備一方に偏ると、文明そのものが貧弱になってしまう。そうなると、せっかく揃《そろ》えた武器も意味のないものになり、やがて国全体が没落していくだろうと渋沢は指摘します。富力が乏しく、一般兵器の老朽化が進んでいる北朝鮮など、その最たる例でしょう。

したがって、強兵のためには、それとともに富国となるように国力を高めていかなくてはなりません。そのバランスを欠くことなく進めることが最も重要なのです。

現在の日本は、渋沢の時代とは逆で、富は整っているけれど力が整わないという状況です。これも国力が衰退する一つのパターンであることを、我々は心しなくてはならないでしょう。

7 一時的な現象を憎むあまり根本まで否定するのは間違いである

第一次大戦で日本は大儲けをし、いわゆる成金がたくさん生まれました。この機会に商業の範囲は国内から国外へと広がり、また政府頼みだった商品の運送や蓄積といったものが個人へと移っていきました。

それは商売を繁盛させる知識が民間に広がったという点で大いに意味があったのですが、そこに道徳教育がともなわなかったところに大きな問題がありました。すなわち、誰もが成金をねらい、仁義道徳は過去のものだとして顧みない風潮が生まれてしまったのです。

渋沢はそんな風潮を嘆いていますが、一方で、成金の行動を憎むあまり、生産利殖の根本まで抑えてはいけないと注意を喚起しています。成金が出たからといって、商業工業まで憎んではいけないというのです。

それは「男女の品行の猥褻《わいせつ》に流れるのを嫌って、人間の自然の恋愛感情まで抑えるようなことはしてはいけないのと同じである」と。

彼は実業界の腐敗堕落を攻撃するうちに国家そのものが元気を失い、国の富が衰えることを心配しているのです。

道理のあるものは必ず生産と一致し、仁義道徳と生産利殖は決して矛盾しない。ただし、富をなす手段としては第一に公益を旨として、人を虐げたり人に害を与えたり人を欺いたり偽ったりしてはいけない。そういう前提のもと、それぞれが各人の職に尽力して富を増やしていくのであれば、いくら発展しても何も問題はないのだと、ここでも繰り返し「論語と算盤」の考え方を展開しています。

一時的な現象を憎むあまり、その根本まで抑え込んではいけないという考え方は現在にもあてはまります。

道理のあるものは必ず生産と一致し、仁義道徳と生産利殖は決して矛盾しない。ただし、富をなす手段としては第一に公益を旨として、人を虐げたり人に害を与えたり人を欺いたり偽ったりしてはいけない。そういう前提のもと、それぞれが各人の職に尽力して富を増していくのであれば、いくら発展しても何も問題はない。

たとえばヘッジファンドのように実体経済にそぐわない巨額な資金を運用して儲けるような人たちが出てきて、日本でもホームレスや派遣切りなどに象徴されるように貧富の差が大きくなっています。これは確かに問題ですが、そこにばかり極端に注目して、自由主義、資本主義のすべてを悪者扱いし、社会主義、共産主義のほうに持っていこうとするのは間違いです。

そういう流れには注意をしなければならないというわけです。

実際に第一次大戦のときには、成金を憎んで日本は社会主義的な方向へと進みました。そして不況を恨んで、一人一殺から、二・二六事件へと悲劇が進むのですが、そこに一貫して流れていた思想は社会主義でした。その二の舞いになってはいけません。

日本が豊かさを築き上げてきたのは何ゆえか、その根本を正しく理解して目の前に起こっている現象を考えてみる。一時の現象に惑わされないためには、そうした冷静な視点が必要です。

第六章 人格と修養

いかにして自分を磨くか

1 人の真価はどれだけ世の中に貢献したかで決まる

昔、ある国の王様が人類の天然の言語とはいかなるものかを知りたいと思って、二人の赤ん坊を一つの部屋に入れて人間の言葉を少しも聞かせず、なんの教育もしないで育てました。成長したあとに部屋の外に連れ出してみると、二人とも人間らしい言葉を発することができず、獣のような不明瞭な音を発するのみであったといいます。これは、インドの狼少女の話でもよく知られています。

この結果から、人間と動物の差は極めて少ないのではないかと渋沢は考えました。では、人の真価はどういうところにあるのでしょうか。

人間が動物と違うところは、「徳を修め、智を啓《ひら》き、世に有益なる貢献をなし得ることだ」と渋沢はいいます。そこに至って初めて本物の人間であると認められるのであり、万物の霊長というけれど、それはその能力を発揮できる人をいうのだと。また、同じ人間と生まれたにもかかわらず大きな差が開いてしまうのも、持ち得る能力をどれだけ発揮できているかに理由があるのではないか、と。

音楽家である私の息子がいうには、指揮者のバレンボイムという人は本物の天才で、自分が知っている日本人の指揮者の百倍は能力がある、ああいうのは天性のもので、どんなに訓練をしてもなれるものではない、と。そういうとてつもない才能の差が人間同士の間でも存在することは認めないわけにはいきません。

しかし、人間には共通点もあります。たとえば渋沢のいうように、人間は徳を修め、智を啓き、世の中に有益な貢献をなし得ます。貢献の大小は別として、心がけ次第で誰にもできます。これは確かに人間が動物と違うところです。ゆえに、この点を見て人の真価を判断する標準とすればいいのではないかと彼はいうのです。

もし富を判断の標準とすればどうでしょう。たとえば孔子は文王、武王、周公などの名君と並び称されていますが、物質的豊かさだけを比べれば、王様たちとは雲泥《うんでい》の差があります。だからといって、孔子を人間的に低く評価する人はいません。

人を富だけで評価するべきではないし、成功したから偉いとは簡単にいえない。ゆえに、むしろその人の行為が世の中にどれほどの影響を及ぼしたかを見るべきだろうというのが渋沢の考え方です。

これは、こうもいえるのではないでしょうか。

戦争で国のために立派に戦って死んだ人がたくさんいる。しかし、そういう人たちを奉った靖国神社に首相も天皇も行かないというのは、国に命を捧げたという行為が無にされていることになります。では、戦争に負ければ、戦った人の価値は全くなくなってしまうのでしょうか。それは違うのではないでしょうか、と。

成果で人間の真価を測るのも重要かもしれませんが、成果で測れないものを忘れてしまっては、本当の人間を測る物差しにはならないのです。

2 いざというときの対処は平生の心がけで決まる

人の心というものは変わりやすいもので、一度こうと固く決心したことでも、ふとしたことから変わってしまうこともあれば、人の言葉に心を動かされてその気になっ人を富だけで評価するべきではないし、成功したから偉いとは簡単にいえない。ゆえに、むしろその人の行為が世の中にどれほどの影響を及ぼしたかを見るべきだろう。

てしまうこともある。それは意志の弱さからくるもので、平生から意志の鍛錬が十分にできていない結果であると渋沢はいっています。

そして、何かが起こったときに自分の志と違わないような判断をするためには、何も問題の起こらないときに事物に対する自らの態度を錬《ね》っておき、事に際したときにそれに従って進めるようにしなくてはいけない。それを油断すると、何かが起こったときにガラガラと崩れてしまうことがあるというのです。

そして、もしも平生より自らの主義主張としていたことを変えなければならないという事態に直面したときは、すぐに決めようとせず、くれぐれも熟考を重ね、自分の初志というものに立ち返る。この自省熟考は意志の鍛錬に最も大切なことで、それを怠るのは大敵であるともいっています。

これが渋沢の意志の鍛錬に対する理論です。

明治六年、渋沢は固く決心して実業界に飛び込んだものの、なかなか思惑どおりに事が進みませんでした。そのうち、大蔵大臣にならないかという誘いがあったりして、気持ちがグラグラと揺れることもしばしばあったそうです。

しかし、そこで踏みとどまって初心に立ち戻り、四十余年間、実業界で生きてきたのです。それができたのは、平生の意志の鍛錬であり、平生の心がけがあったからだと渋沢は回想しています。

小さなことであっても、自分の意志に反することならばはねつける癖をつけておかなければいけない。そうしないと、侮ってやったことが原因となって、いざというときに総崩れになってしまうことがあると渋沢は忠告しています。

3 生前のすべての行動、すべての思想が人物評価の材料となる

平生の心がけが素晴らしかったことから国民に親しまれ、尊敬されたのが、日露戦争の英雄であった乃木希典《まれすけ》大将でした。その乃木大将が静子夫人とともに明治天皇を追って殉死したことは、当時の日本国民に大きなショックを与えました。

しかし、そのショックとは、乃木大将のそれまでの立派な言動があったからこそで

あったと渋沢はいうのです。

乃木大将は部下に対して非常な愛情を持っている人でした。たとえば、日露戦争に勝ったときに詠んだ「凱旋《がいせん》」という漢詩には、乃木大将の人となりがよく表れています。

凱　旋

皇師百萬征強虜
野戰攻城屍作山
愧我何顔看父老
凱歌今日幾人還

皇師百万強虜を征す
野戦攻城　屍《しかばね》山を作《な》す
愧《は》ず我何の顔ありて父老に看《ま》みえん
凱歌今日幾人か還《かえ》る

天皇の軍隊百万が強敵を征服した。
野原の戦いでまた、攻城の戦いで屍《しかばね》が山をなした。
自分はこの死んだ人たちの親にどうして会わせる顔があろうか。

今、凱旋の歌が歌われているが、自分の部下の何人が帰っているだろうか。

乃木大将とは、部下を思ってこういう漢詩をつくる人なのです。しかも、自分の二人の息子を日露戦争で亡くしたときには、陸軍大将という立場をわきまえ、人前では一滴の涙も見せませんでした。

また、軍人としては上からの命令には完全に服従する気性を持つと同時に、事の善悪の議論では権勢には屈しない凛《りん》とした意志を持った人物でした。戦争後に就任した学習院院長としても優れた人だったのです。

そういう人が自殺したからショックが大きかったのです。明治天皇を追って自殺したということより、これほど立派であった乃木大将が亡くなったこと自体が国民にはショックだったのです。

さらに世俗的なことをいえば、乃木大将は陸軍大将従二位・勲一等・功一級・伯爵でした。功一級といえば、これは莫大《ばくだい》な年金がつきます。さらに伯爵にもまた別に金がつきますから、もう何をしなくても一生悠々自適に暮らしていける身分です。そういう環境を全部捨てて、乃木大将は自死を選んだのです。二人の子供は戦死しているので跡を継ぐ人はいません。それでも養子もとらないで、誰にも後は継がせないと遺書で断り、絶家にするといって割腹したのです。

そういう乃木大将の潔い姿勢を見て、当時の人は敏感に感じとりました。陸軍大将功一級伯爵が完全に家を潰すつもりなのだ、それは自分が部下を死なせたことへの贖《しょく》罪《ざい》のためなのだ、と。

その思いが伝わってきたから、誰もが感動したのです。

そう考えると、明治天皇に殉じたことは自分の命を絶つ一つのきっかけにすぎなかったのではないかとさえ思えます。渋沢はそこまではいっていませんが、当時の日本人が皆、乃木大将の心情をくみ取って涙したのは間違いないと思います。

文武両道に優れていた乃木大将

渋沢は「強いばかりが武士《もののふ》か」という言葉を挙げていますが、乃木大将は単なる武骨一辺倒の人ではなく、漢詩や詩歌に長けた文の人でもありました。そのことも、多くの国民から親しまれた理由でしょう。

武士が武勇と文雅を兼ね備えたのは実におくゆかしい感じがすると渋沢はいいます。たとえば、薩摩守《さつまのかみ》忠度《ただのり》（平忠度）は平家が都落ちする前に藤原俊成を訪ね、「もし勅撰集が編まれるときがあれば、この中から選んでいただければ嬉しい」といって百首ほどの歌を託しました。忠度は一ノ谷の戦いで戦死しますが、俊成が後に『千載和歌集』を編んだとき、忠度の詠んだ、

「さざ波や　志賀の都は荒れにしを　むかしながらの山ざくらかな」

という一首を入れています。

ただし、当時の平家は朝敵であったため、その歌は「詠み人知らず」とされました。ところが、俊成の子の定家が『新勅撰和歌集』を出すときには、晴れて忠度の名前は明らかにされました。

乃木大将も、そういう昔ながらの文武両道に優れた人たちに連なる一人でした。漢詩はシナ人も褒めるくらいの腕前であり、辞世となった、

「うつし世を　神さりましし大君の　御あと慕《した》ひて我はゆくなり」

という歌も国民を感激させました。

ゆえに「ただ死んだから国民が感激したという話ではない。生前のすべての行動、すべての思想が偉かったことを考えなくてはならない」と渋沢は強調するのです。これは渋沢栄一の人物評価の基本的な態度です。

4 修養は人の天性を伸ばし、明瞭な判断力を育てる

あるとき渋沢の修養論を二つの点から批判する人が現れました。

その一つは「修養は人の性の天真爛漫《らんまん》を傷つけるからよくない」というもので、もう一つは「修養は人を卑屈にする」という批判でした。

これに対して渋沢は次のように答えています。

まず修養が人の天性を妨げるという意見に対しては、「修養と修飾を間違えているのではないか」と。

修養とは身を修め養うという意味だから、練習も研究も克己も忍耐もすべて意味する。修養は人が次第に聖人君主の境涯に近づくように努めるものであり、決して天性を傷つけるものではない。むしろ完全に発達した者にもっていくものなのである、と。また二つ目の修養が人を卑屈にするという意見に対しては、「礼節敬虔《けいけん》などを無視する妄説である」と切って捨てます。

修養は土人形を造るようなものではなく、むしろ自分の良知を増し、霊光を発揚するものである。修養を積めば積むほど、善悪が明瞭になってくるから、決断に際しても迷わなくなる。ゆえに修養は人の智を増すために必要なものなのだ、と。

修養が人を卑屈にするという考えは修養の真の意味を理解しておらず、ただ誰にでもペコペコと頭を下げるような偽善者をつくるものだと誤解しているのでしょう。しかし、それは修養による礼儀正しさというものとは別なのだと渋沢は反駁《はんばく》するのです。

修養が天性を傷つけるという点については、中島敦の『弟子』の中に面白い話があります。

孔子が子路に修養の必要性を説くのですが、それに対して子路は「南山の竹は揉《た》めずして自ら直く、斬《き》ってこれを用うれば犀革《さいかく》の厚きをも通すと聞いている。して見れば、天性優れたる者にとって、何の学ぶ必要があろうか」と聞きます。天性優れたる者に先生がおっしゃるような学問が必要ありましょうか、と聞いているのです。

すると孔子はこう答えます。

「汝《なんじ》の云《い》うその南山の竹に矢の羽をつけ鏃《やじり》を付けてこれを礪《みが》いたならば、ただに犀革を通すのみではあるまいに」

おまえのいう南山の竹は優れているかもしれないが、それに羽と鏃を付けて磨けば、犀の革を通すだけではないだろう、と。

この孔子の言葉を聞いて、子路は平伏します。修養の真の意味を理解したのです。つまり、孔子が教えるような学問、すなわち修養は、天性を傷つけるものではなく、天性をさらに伸ばすものであると子路は学んだのです。

5 人格の修養に必要なのは忠信孝悌の精神と智能啓発の工夫

渋沢は、人格を修養する方法には仏教もあるしキリスト教もあるし、いろいろあるだろうといっています。「ただ自分の場合は青年時代に儒教に志してから孔孟の教えに接してきたため、忠信孝悌の道を重んずることが大いに権威ある人格養成法であると信じているし、これが仁をなす基本となると考えている」と。

今では忠信孝悌などを唱える人は少なくなりました。簡単に言葉の説明をすると、まず「忠」というのは忠義です。忠義を尽くす対象は、かつては天皇、今ならば国家ということになるでしょうか。次の「信」は信用、「孝」は親に対して尽くすこと、「悌」は兄弟仲良くということです。

この忠信孝悌は教育勅語にも入っている言葉ですが、この道はそのまま儒教の道といっていいでしょう。

人格の修養には、この忠信孝悌に加えて、さらに智能啓発の工夫がいると渋沢はいっています。この智能啓発も教育勅語に「智能ヲ啓發シ徳器ヲ成就シ」と入っています。

人格を高めるには道徳が重要であると同時に、智能も磨く必要がある。道徳だけでも非常に重要ですが、技術を磨かなければ仕事はできないのです。ゆえに、この両者を兼ね備えるように鍛錬をすることが人格の修養には欠かせないということになります。

世の中には目的を達するためには手段を選ばないというように、成功の意義を誤解し、富や地位を得られればそれが成功だと思っている者もいます。しかし、渋沢はその考えには同意しません。高尚な人格をもって正義正道を行い、しかる後に得た富や地位でなければ完全な成功とはいわないのだ、と強調するのです。

昨今のＩＴバブルで儲けて傲慢になったような人たちを見れば、渋沢は「そんなものは真の成功ではない」とはっきりと否定するでしょう。

第七章 ● 算盤と権利

競争社会に欠かせない温かな絆

1 西洋文明を取り入れる下地となった『論語』の啓蒙性

『論語』には権利思想が欠けている、ゆえに文明国の人間が拠《よ》り所にするには不十分であるという人がいたそうです。それに対して、それは『論語』がわかっていないのだと渋沢は反論します。

なぜならば、『論語』はまず自分を律することを趣旨とし、「人間はこうあるべきだ、こうありたいものだ」という人としての道を説いたものだから、権利を前面に立てていないのだと。

また孔子は政治家としては成功できなかったから、国を治めるための権利にふれ、人民を積極的に教育する機会がありませんでした。孔子が教育的に活動しようと考えたのは、『詩経』、『書経』、『春秋』などを編纂《へんさん》した六十八歳より以後の五年間ぐらいだろうという意見もあります。

つまり、孔子は宗教者のような布教活動をすることはなかったのです。

今から考えると、孔子のスタンスは『論語』述而篇にあるように「述《の》べて作らず」を旨として、周の時代の良い作品を編集して述べることでした。ゆえに自分の著作で何かを訴えることは全くしなかったのです。

最も有名な『論語』にしても、孔子の弟子たちが先生との問答をまとめたもので、本人がつくったものではありません。

孔子は宗教の宗祖が人を教え導くために説を立てたのとは違うのだ、と渋沢も指摘しています。その点で、「他人を導く宗教家として世に立ったわけではないから、その教えに権利思想が画然としておらぬはやむを得ない」というのです。

キリスト教の「愛」と『論語』の「仁」は似ているけれど、全く同じというわけではなく、自動的と他動的の違いがある。キリスト教では「己の欲するところを人に施せ」というが、孔子は「己の欲せざるところを人に施す勿《なか》れ」というように、積極的と消極的のニュアンスの差があるというわけです。

渋沢は、宗教としてはキリスト教もいいかもしれないが、人間の守るべき道としては『論語』のほうがいいと断言しています。それはなぜかというと、キリストでも釈迦でも宗教には奇跡がたくさんあるけれど、『論語』には奇跡が一つもないから信頼度が高いのだ、というのです。

確かに宗教は奇跡がないと成り立たないようなところがあります。しかし、孔子の場合は「**怪力乱神を語らず**」（述而篇）で、怪しいこと、奇跡的なことは一切語りませんでした。誰でも納得いくような内容ばかりだから、人間の守るべき教えとしては孔子が一番いいのではないかというわけです。

この孔子の態度は明らかに啓蒙《けいもう》思想です。

啓蒙思想とは、迷信に近いものによらずして納得する、つまり理性を重んずることで成り立ちます。孔子の時代にも理性では語り得ない不思議な出来事がたくさんあったにちがいありませんが、孔子はそれに基づいて何かを語ろうとはしません。また、死後のことを聞かれても語りません。孔子が口にするのは、すべて生きている人が納得できる話になっています。

その点で、『論語』というのは、最もいい意味での啓蒙の書となっているのです。そこに渋沢は共感を覚えるのでしょう。

渋沢の生きた幕末にも迷信行事がたくさんありました。彼自身の家でも、まだ少年の頃、家人が病気になり、祟《たた》りなのではないかと案じた親類が怪しげな祈禱《きとう》師を呼んだことがありました。しかしそのとき、渋沢は祈禱師の話すでたらめに気づいて、見事に論破しています。

自らそういう体験をしているから、奇跡的なことは嫌いだったのです。

『論語』の場合は、信仰のような無理な奇跡を聞かされることなく、誰もが納得できる。ゆえに自分は孔子の教えを最も深く信じるといっているのです。

日本人がこの啓蒙的な『論語』を学んできたことは重要な意味を持っています。まず、家康が儒教を重んじたということは、大きな目で見れば、徳川幕府が啓蒙の政権であったことを意味しています。つまり、徳川政権は宗教によって第一義的には動かされない政権であったといえるでしょう。

それが下地となって、明治維新の日本は他の国とは違い、進化論も含めて西洋の学問がすんなりと入ってきたと考えられるのです。

『論語』に見られる権利思想

ただし渋沢は、『論語』にも権利思想がないわけではないといっています。それは『論語』の衛霊公篇にある「**仁に当っては師に譲らず**」という一句を見ればよくわかるというのです。

これは「自分の道理が正しいときは、尊敬すべき先生であっても譲らなくていい」という意味の言葉ですが、この「主張すべきときには主張する」というのは権利の観念があることを示しているではないか、というわけです。

これを権利ととるか、修養の結果として身につけるべき態度ととるかは両論があるでしょう。ただ大切なのは、権利の主張があろうとなかろうと、『論語』の精神が二千五百年の時を越えてなお古びていないという事実です。それは蒙を啓《ひら》くために学ぶべき教えがそこに詰まっていることを明快に示しています。

2　人間の関係は法律や権利でのみ結びついているわけではない

ところで、権利を主張することが文明のあかしであるというのは果たして正しいのでしょうか。

法律ばかりでは世の中はうまくいかないものだと渋沢はいいます。親子兄弟までも権利ばかりを主張したら一家の和合団欒《だんらん》が難しくなり、同じように、金持ちと貧乏人の間も、法律と権利だけで争ったら面白くない問題が起こってくるのではないか、と。

むしろ資本家と労働者の間はもともと家族的な関係で成立していたのだから、それをにわかに法律で争うようになったら、両者の仲を隔てることになるのではないか、と渋沢は指摘します。

これは要するに、法律万能主義、契約万能主義に対する警戒です。戦前は経営者が労働者を簡単に首にすることができたので、こういう警鐘を鳴らしているのです。

むしろ会社に家族的なことが主張されたのは戦後になってからでしょう。しかしその戦後も、実際の家族のほうは民法の家督相続法を廃止したためにばらばらになってしまいました。

日本の民法は少なくとも鎌倉時代から家督相続法でやってきました。つまり、家督は長子一人が相続する。その代わりに、家督を相続した人は親の面倒をみるし、兄弟の面倒もある程度はみる。家督相続したものをどう分けるかは勝手だが、権利財産はそっくり一人が相続するということを基礎として日本の社会は成り立ってきたのです。

それとともに、日本の家族の一番大本には、なんとなくではあるが総本家みたいなものとして皇室があると誰もが感じていました。

たとえば渡部という姓は、家紋から見て源氏についた琵琶《びわ》湖あたりの渡部から出ていると思われます。蝦夷《えぞ》征伐に派遣された源頼義や義家の家来として奥州にやってきて、その地に残留兵士として住み着いたのでしょう。

そういう形で、どこかで源氏につながっているという意識になると、その源氏は必ず皇室につながっているから、日本の皇室は総本家の総本家というような感じで受け止められ、みんなから尊敬されたのです。

ところが、戦後の民法改正で家督相続法はばっさり切られてしまい、個人相続に変わると、その後は権利の主張という方向にのみ進むことになりました。まさに渋沢が危惧《きぐ》していた方向に進んでしまったわけです。

良い会社は家族的で社員の面倒見がいい

王道というのはそういう法律の力ですべて解決を図ろうとするものではない、と渋沢はいいます。法律はもちろん必要ですが、すべてが法律で解決できるものではないのだ、と。

そしてドイツの工業会社クルップやアメリカの時計会社ウォルサムの名前を挙げて、それらの会社が極めて家族的で、労使間に和気靄然《あいぜん》たる様子があることを羨《うらや》ましがっています。

私がドイツに留学したのは五十年以上も前の話ですが、当時のドイツ政府は留学生をいろいろな場所に案内するプランを立ててくれました。私も他の国の留学生と一緒にクルップの工場に案内してもらったことがあります。

そのとき、工場を案内してくれた人が〝クルピアーナ〟という言葉があると教えてくれました。〝クルップ一族〟というニュアンスの言葉です。その人のいうところでは、クルップの会社の従業員は一族と同じ感覚を持っているのだというのです。それを大層自慢していました。

この渋沢と同じような感想を松下幸之助も述べています。戦後のアメリカはなんでも契約というけれど、実際に行ってみると、良い会社といわれるところは日本と同じように家族的でめったに首にもしないで最後まで面倒をみる、という趣旨の話を聞いたことがあります。

だから、会社と従業員は単なる法律で結びついて権利と義務を主張し合うだけではいけないのです。それが根底にあるとしても、法律や契約が万能ではないのです。

誰もが平等ということは、人に「賢不肖《ふしょう》の別」があり、「能不能の差」がある以上、不可能である、と渋沢はいいます。富の平均分配は空想であって、世の中の人が富裕な人を排撃するとしたら、富国強兵などできなくなる、と。

それよりも個人の富は国家の富であるという立場に立って、国を富ませ、そして自己を富まそうと人々が努力するのがいい。貧富の差が生じるのは自然の成り行きであるから、慈善活動やその他の行為によって、世の中が円滑になるように富裕層は意を尽くすべきであると述べています。

昨今も派遣切りのように可哀相《かわいそう》な目に遭っている人に注目が向いています。小林多喜二の『蟹工船』がベストセラーになっているともいわれます。

しかし、我々が忘れてはいけないのは、蟹工船の時代に共産主義ソ連に憧れて渡った人たちの悲しい末路です。大半の人が死刑になっているのです。今からみれば、当時のソ連は粛清に次ぐ粛清で、自国民ですら百万単位で平気で殺す国であったとわかっています。やはり富を憎むような思想にまでいってはいけないのだという思いを強くします。

貧富の差が生じたら、そこは温かく解決する方向にいかなければならないという渋沢の考え方は、我々がソ連や毛沢東《もうたくとう》の革命の顚末《てんまつ》を見たあとでは大変妥当なものに思えるのです。

3 競争をするときは自分を高める工夫や智恵を大切にせよ

競争には善い競争と悪い競争がある、と渋沢は指摘しています。とくに輸出に関係する実業家は競争が激しいものだから、当時は商業道徳など無視する傾向があったようです。しかし、道徳は商業のみならず人道のものであり、すべての人が守るべきだと理解しなければならないのです。

その中でも、輸出産業の場合は、競争についての道徳が必要です。というのは、何度もいうように、第一次大戦の頃は粗悪品を輸出して日本の評判を傷つけることが甚だしかったからです。

これはちょうど今、中国の輸出製品、食品やおもちゃなどが国家のイメージを傷つけているのを思い出せばわかりやすいでしょう。あれほど悪質ではなかったにしろ、粗悪品が混じっていたのでしょう。

したがって、競争は大いに励みになるから必要ではあるけれど、善い競争と悪い競争があるのだと渋沢はいうのです。

渋沢のいう善い競争とは、すなわち毎日人よりも早く起きて善い工夫をし、智恵と勉強とで他人に打ち克《か》とうとする競争です。それに対して、他人の評判がいいから、これを真似て掠《かす》めてやろうと足を引っ張るのは悪い競争です。

悪い競争をしても、事によっては利益が出る場合もあるかもしれませんが、たいていは自分自身も損をするものです。それだけならまだしも、日本の商人は困ったものだと外国に軽蔑されるようになってしまう。それでは困るというのです。

そこでやはり道徳が重要になってくるわけですが、それを難しいものだと考える必要はない。道徳は難しく説くと、道徳を説く人と道徳を行う人が別ものになってしまう。要するに、道徳屋と実践にあたる人とが切り離されたような形になってしまうけれど、本来の道徳はそういうものではなく、日常にあるべきものだ、と渋沢は強調しています。

たとえば、約束した時間に遅れないようにするのも道徳だし、譲るべきものは譲るというのも道徳です。当たり前のことを行えば、それで十分なのだと渋沢はいっているのです。

自分の商売についてはよく勉強をして進歩をしなければならないけれど、悪い競争はしてはいけないと教えているのです。

4 成功する事業は社会全体に利益を与えるような性格を持つ

渋沢の時代の実業界の特徴として、悪徳重役が株主から委託された資産をあたかも自分のもののように運用して、私利を増やすために使うということがしばしばあったそうです。今の日本の株式会社では、重役が勝手に金を使うことはめったにありませんが、当時は公私の区別が曖昧で、会社の内部が伏魔殿と化すような事態も生じたといいます。

しかし、そういう泥棒のようなことをやってはいけない。もっと合理的な経営をすることを渋沢は求めています。

渋沢自身は『論語』を商売上のバイブルだと思い、孔子の教えの道を外さないように努めてきました。そしてその結果得た見解は、一個人に利益ある仕事よりも社会全体に利益を与えるような仕事をしなければならないということでした。そのためには事業が堅固に発達して繁盛していかなくてはならないのです。

これは福沢諭吉も同じようにいっています。

「書物を著わしても、それを多数の者が読むようなものでなければ効能が薄い、著者は常に自己のことよりも国家社会を利するという観念をもって筆を執らなければならぬ」のだと。

事業も同じく、仮に一個人のみが大富豪になっても、そのために社会の多数が貧困に陥るような事業であったならば、それがなんであれ、その幸福は継続されないでしょう。

ここで渋沢がいおうとしているのは、哲学でも倫理学でも学問にとどまっているだけではあまり社会の役に立たない、もっと実践している人の血となり肉となるようなものでなければならないということです。

それを英語でいえばポップ・フィロソフィー（通俗哲学）といって、専門の哲学者からは軽蔑されるような哲学を指します。専門家の評価は得られなくても、ポップ・フィロソフィーは日常の役に立ちます。たとえばアメリカでいえば、エマーソンだとか、あるいはピール牧師などの教えのほうが、生きている人の倫理向上には役立っています。

戦前の日本でいえば、講談社の一連の雑誌とか新潮社の『日の出』などはポップ・フィロソフィーといっていいでしょう。そこに共通点を探すとすれば、伝統的な心学の流れを汲むものだったということになると思います。

毎日毎日生きている人たちに、生き方の糧となる教えを提供するような哲学や倫理学が求められているのだと渋沢はいっているのです。これは朱子学を批判する際に渋沢が使った「学問を死学で終わらせてはならない」という言葉と相通ずる考え方でしょう。

第八章 ● 実業と士道

モラルなき金儲けは必ず失敗する

1　商工業者は武士道の正義廉直の観念に学ばなくてはならない

武士道とは何かというと、正義、廉直、義侠、敢為《かんい》、礼譲などがあり、それは一面では「武士は食わねど高楊枝《ようじ》」というような気風に表れている、と渋沢はいいます。しかし、商工業者はそんなことをしていたら立ちいかなくなるというので、道徳を不要とする考えが多かったのです。

しかし、これはとんでもない間違いであるというのが渋沢の基本的な立場です。武士道と商道が相反すると考えたのは、朱子学者が仁と富とは並び行われないものと考えたのと同様で、全くの誤解であるというのです。

そして渋沢はここで再び『論語』の「**富と貴とはこれ人の欲する所なり、其の道を以《もっ》てせずして之を得れば処《お》らざるなり、貧と賤とはこれ人の悪《にく》む所なり、其の道を以てせずして之を得るも去らざるなり**」という言葉を挙げています。

富めること、偉くなること、これは人が欲することだが、正しく道徳を踏んでそうなるのでなければ、そんなものはいらない。貧しさ、卑しさ、これは人が嫌がるものだが、それを避けるのに不道徳なことをしなければならないのであれば、貧しく身分が低いままでもいい。

渋沢は、これが真の武士道だと思うといい、商売をやる者にも適用することである、というのです。

賢者が貧賤にいても態度を変えようとしないのは、あたかも武士が戦場に臨んで敵に後ろを見せない覚悟と同じである。この精神は商業にもあるべきだ。だから武士道は、文明国の商工業者の立つべき道である。西洋の商工業者が互いの個人的な約束を尊重し、たとえそこで損があっても一度約束した以上は必ずこれを実行するというのは、真に正義廉直の観念の発動にほかならないのだ、と。

しかし、そうした観念はまだ当時の日本の商工業者になく、ややもすれば道徳観念を無視して一時の利に走ろうとする傾向があって困ると、渋沢は当時の商工業者のレベルの低さを嘆いています。そして、西洋人が商取引において日本人に絶対の信用をおかないのは、日本の商工業者の大きな損失だと指摘するのです。

そして日本は武士道を実業道に移していかなければならない。武士道は商工業に生かせる、と重ねて主張しています。

処世の本旨を忘れ、非道を行っても私利私欲を満《み》たそうとしたり、あるいは権勢に媚《こ》びへつらっても出世しようとすることは人間行為の標準を無視したもので、そうして得た地位は決して永遠に維持することはできない、と渋沢はいいます。

この一番わかりやすい例は、サブプライムローンで儲けようとしたヘッジファンドもそうでしょうし、日本であればネズミ講のようなマルチ商法で儲けようとする人などもそうでしょう。こうした私利私欲を満たすことを目的とした商売は決して長続きしていません。

また、権勢に媚びへつらうというのは、賄賂《わいろ》を使って利益を誘導しようということで、不正な政治献金によって自分たちの仕事に有利になるように政治家に口を利いてもらうような例にあたります。

しかし、「天網恢恢《てんもうかいかい》、疎にして漏《も》らさず」というように、いくらうまくごまかしたと思っても、そういう不正はいつか必ず露見するものです。

② 一方的な舶来品偏重は判断力の低下につながる

至極当然の話ですが、明治の頃は日本国内でつくられる品物より西洋から輸入された品物のほうが優れていました。それを示す「上等舶来《はくらい》」という言葉もありました。この舶来品が優秀だという観念は国民の上から下まで認知していて、それだけに外国品偏重の風が蔓延していたのです。渋沢はそれが概嘆《がいたん》にたえませんでした。

「外国品だからとて別段排斥する必要はないが、これを偏重するあまり内地品を卑下する理由もない筈《はず》である」

舶来品ならばすべて優秀とする日本国民の観念そのものが我慢ならなかったのです。

明治以後の日本の文明は、欧米諸国からの技術その他の移植によって築かれたことは疑いないところです。どうしても欧米のものは流行したし、国内品は後追いゆえに舶来品を上回るものができませんでした。

しかし、明治維新が終わってから半世紀も経《た》ち、日本は東洋の盟主、世界の一等国をもって任じているというのに、いつまでも上等舶来といっている時期ではないだろうと渋沢はいうのです。

明治維新から半世紀といえば、すでに大正に入った頃です。その時期でもなお、日本人は舶来品を愛好する意識がぬぐい去れないでいたのです。

外国のレッテルが貼ってあるからこの石鹼《せっけん》はいいとか、外国品だからこのウィスキーはいいというのでは情けない、それで独立国の権威と国民の襟度《きんど》がどうして保たれるのか、もっと自覚を持ってほしいと渋沢は苦言を呈しています。

しかし、渋沢の嘆きにもかかわらず、この風潮は昭和になっても平成に入ってもずっと続いてきました。

外国品偏重は「我が国民の忌むべき弊害」と渋沢は述べていますが、決して排外思想を鼓吹《こすい》しているわけではありません。外国のものならなんでもいいとする考え方が真偽の判断を誤らせることを危惧《きぐ》しているのです。

その一例として、渋沢は戊申詔書《ぼしんしょうしょ》というものを挙げます。戊申詔書は日露戦争が終わった三年後の明治四十一（一九〇八）年、戊申《つちのえさる》の年に発布された詔書です。日露戦争には勝ったものの、その後さまざまな社会的混乱が生じたため、風紀引き締めを目的として公布されたのです。

戊申詔書にはこうあります。

「忠実業ニ服シ、勤倹産ヲ治メ、惟《こ》レ信惟レ義、醇厚俗ヲ成シ、華ヲ去リ実ニ就キ、荒怠《こうたい》相誡《いまし》メ自彊《じきょう》息《や》マサルヘシ」

つまり、華美を避けて実質的なことをやりなさいというのです。

ところが、渋沢の見方によれば、この華美を避けるという意味を消極主義と履き違えた人が多かったというのです。要するに、ブランド物は「華」だから購入するのをやめるという消極的な行動で止まり、「実」である国産品を積極的に購入する方向には向かわなかったのです。

それでは困る、と渋沢はいっています。外国品が悪いわけではない。ただ、国内生産できるものはそれを利用し、国内生産に適さないものは外国から仕入れればいい。

何もかも外国品偏重をやめようといっているだけなのだ、と。

ただし、国産品は大いに奨励すべきだが、不自然不相応の奨励はするべきではないともいっています。親切が不親切になる、保護したつもりが干渉束縛になることもあるからと。

とにかく商品をつくったり売ったりするときは、国のためを第一に考えて、公平と親切を忘れないことだというのです。

そしてまた、第一次大戦で日本品を使用する機運が高まったときに粗製濫造して国民を欺いて私腹を肥やそうとした商人がいたが、そういう商人が出るのは絶対に防がなくてはならないと繰り返し強調します。国産品の奨励と、その弊害の両方を考えなくてはいけないと説いているのです。

3 ユダヤ化する世界の中で高まってきた日本人の契約観念

維新後の商業道徳が文化の進歩にともなわず、かえって衰えたという意見があったそうです。これについて渋沢は「昔と今を比べれば、今のほうが昔より道徳観念が優れていると自分は断言できるけれど、他の分野の進歩に比べれば、確かに商業道徳は進んでいないかもしれない。なぜそうなのか理由を突き止めて、一日も早く道徳を物質文明の進歩に劣らないほど向上させなければならない」と述べています。

ただ、だからといって単に外国の風習を見て、それを応用するというわけにもいかない。国も異なれば道義の観念も違うので、日本の社会に適応する道徳観念を高めていく必要があるのだ、と。

たとえば東洋では、親や自分の主に対して非常に厳しい道徳観念があり、一方、西洋はどうしても個人主義の傾向が強い。その違いから、日本人は個人の約束はあまり尊重しないという批判を受けることがあったようです。

確かに日本の場合は縦の関係が強すぎて、個人の関係が弱くなっていることは否めない。だからといって、「日本人の契約観念は不確実である、商業道徳は劣等であると非難されては困る。国柄の違いも考慮してもらわなければならないが、現今の状況に満足しているわけではない。やはり物質文明の発達に応じて、もっと日本人の契約観念を高めなくてはいけない」と、日本の立場を主張しつつ、反省もしています。

日本人の契約観念が本当に厳しくなったのは、戦後しばらく経ってからです。それまではなあなあでやっていましたが、貿易ではそこに付け込まれて不利益を被ることが多々あったのです。そこから今に至るまで、契約重視の方向に進んできていることは間違いないところです。

私が最初に本を書いた頃は、印税で契約書を交わす出版社はありませんでした。昔は出版社と著者の間はなあなあで、漱石などは自分の本は少し印税を高くしてもいいんじゃないかと、三割ぐらい取っています。

だから契約書がない頃は上下の力関係で動いていたことは確かで、西洋人から見たら日本人は契約観念が乏しいということだったのだろうと思われます。

私はいつもいうのですが、世界は好むと好まざるにかかわらずユダヤ人の喜ぶほうに動いてきていると思うのです。ユダヤ人が陰謀でそうしたわけではなく、世界が自然とそういうふうに動いてきたのです。

たとえば第二次大戦が終わると、国境を低くしなければいけないという気運が高まります。国境を高くしてドイツとフランスが再び戦争するような馬鹿な真似をしてはいけないと考える人が増えたのです。そこからＥＣが生まれ、それが現在のＥＵの形にまで発展してきたのですが、この国境が低くなるということは、一千年もの間、ユダヤ人が待ち望んでいたことです。

また、世界が広くなると慣習が異なる国との取引が始まりました。そこで内容を明確にするため、書面にして契約を結ぶ必要が出てきました。この契約の尊重というものも、ユダヤ人が切望してやまなかったことです。

シェークスピアの『ヴェニスの商人』で、ユダヤ人の金貸しシャイロックは貿易商のアントーニオに金を貸します。そのときシャイロックは、もしアントーニオが期日までに貸した金を返せなければ一ポンドの胸の肉を切って渡さなければならないという契約を結びます。

結局、アントーニオは約束を守れず、裁判を起こしたシャイロックは契約通りに胸の肉を切って渡すように求めます。

裁判官に化けたアントーニオの友人バサーニオの妻ポーシャはアントーニオへ情けをかけてやるように求めますが、シャイロックは譲ろうとしません。

しかたなくポーシャは契約通りに行うことを認めるのですが、シャイロックが肉を切り取ろうとしたとき、「肉は切り取ってもいいが、契約書にない血を一滴でも流せば、契約違反として全財産を没収する」と告げます。

それは不可能なことだとシャイロックが諦めると、今度は逆にアントーニオの命を奪おうとした罪に問われ、財産を没収されてしまうのです。


シェークスピアの生きていた頃のロンドンではユダヤ人の金貸しが大手を振って歩いていました。それゆえ、この『ヴェニスの商人』の結末にはロンドンっ子たちは拍手喝采《かっさい》したことでしょう。

一方、ユダヤ人はどう考えていたでしょうか。おそらく「これはひどい話だが、確かにシャイロックも悪かった。契約書には一ポンドの肉を切り取ることだけでなく、その際に流れる血は問題にしないものとすると書き添えておくべきだった」と冷静に考え、それを教訓として自分の子供たちにも教えたのではないでしょうか。

そうやって、契約はどんどん精密になっていき、ユダヤ人は契約書をつくるのに長けてきたのです。それがアメリカという異民族が集まった国で大いに力を発揮し、アメリカは完全なる契約社会になっていったのではないかと考えられます。

この他にも、国籍をなくすこと、人種差別をしないことなどもユダヤ人が望んだことです。ユダヤ人が今の社会をつくったわけではありませんが、気がついてみたら世界はユダヤ人に幸いするような方向に変わってきています。

日本がなあなあの社会から契約社会に変わっていったのも、その大きな流れの中の一つの現象なのです。

4 道徳観念の欠けた功利学は社会に害をまき散らす

功利学の弊を除かなければいけない――これも渋沢栄一の根底をなす問題意識の一

ってす。

『論語』泰伯篇に

「民は之に由《よ》らしむべし。之を知らしむべからず」

（民は従わせることはできるが、その理由を知らせることはできない）

とあります。これは朱子学派の儒教主義の考え方をよく表している言葉であると渋沢はいいます。その儒学が日本では林家の学によって色彩を濃厚にし、農工商に従事する者を道徳から切り離してしまったのだと非難するのです。

その結果、農工商の生産界は道徳の範囲外に置かれ、また自分たちは道義に束縛される必要はないと感じるようになってしまいました。そして、武士以外は卑屈になって、百姓は幕府から預かった田んぼを耕せばいい、町人は算盤をはじいて儲けていればいいという考えが習慣となり、国家を愛したり道徳を重んじたりという観念が欠乏してしまいました。インチキ商品でも売れば勝ちというような発想になったのはそのためであり、その元凶は朱子学にあったのだと渋沢は繰り返します。

そこに西洋の新文明が入ってくると、道義的観念の欠乏に乗じて功利主義が発達し、その悪風がますます助長されることになってしまったというのです。

欧米にも倫理学はあるし、品性修養を必要とする声もありますが、その出発点はキリスト教を元にしているから、日本人の国民性とは相容れないところがあります。そのため、道徳的観念は抜きにして、「利を増し産を興す」ために即効性のある科学的知識、すなわち功利の学説だけが広く受け入れられることになったのです。

しかし、元来道義観念が低かった日本の商人に、いかに儲けるかというような話ばかりするのは「薪《たきぎ》に油を注いで煽《あお》ったようなもの」でした。

下層階級から出て金持ちになった人もいるけれど、天地に恥ずかしくない行いをしてきたのかどうかは疑問である。また、昼夜不断の努力をして儲けるのは実業家としては立派であり、株主に対してもいいかもしれないけれど、その根本にあるのが自らを利することだけであるならば、やはり足りないものがある。大金持ちに仕えている番頭が一所懸命に働いて主人の家を儲けさせるのは立派だが、それが自らの損得勘定の打算からくるものであれば、いくら忠義ぶっても、結局は利益の話になってしまう。

これでは情けないのではないか、と渋沢はいうのです。

功利の学説は、江戸時代からの道徳観念の低い商業・実業の世界に悪知恵を与えただけであるという面も見られます。そうした悪知恵に染まった人をすぐに立派な人に変えることはできないけれど、このまま放任するのは根がない枝に葉を繁らし、幹のない樹に花を咲かそうとするようなもので、日本の発展は望むべくもありません。信というものが万事の本であることをよく理解させることが、経済界の根幹を堅固にする緊急の課題であり、そのためにも道徳に戻らなければならないのだと渋沢は力説するのです。

この道徳観念の薄いところに金儲けの思想が入ってくると世の中が乱れるというのはわかりやすい話です。現在の日本でも、グローバリズムや行きすぎた規制緩和が新たな金儲けの手段となり、社会のモラルの低下を招いています。

明治維新から百四十年も経っているのに同じような失敗をしようとしている――そういって憤慨する渋沢栄一の声が聞こえてくるようです。

第九章 ● 教育と情誼

今、必要とされる教育とは何か

1 **志を果たして親を喜ばせることが最高の親孝行である**

孝行は強制すべきものでない、親から子に対して「親孝行しろ」というのは面白くないと渋沢はいい、『論語』為政篇にある話を挙げています。

孟武伯が「親孝行とはどういうことでしょうか」と問うたとき、孔子は、

「父母は唯だその疾《やまい》をこれ憂えしめよ」

（父母にはただ自分の病気のことだけを心配させるだけにしなさい）

と答えました。

子游が同じ質問をすると、孔子は

「今の孝は是れ能《よ》く養うを謂《い》う。犬馬に至るまで皆《みな》能く養う有り。敬せずんば何を以て別《わか》たん」

（近頃の孝は十分に養うことをいうが、犬や馬でもみな十分に養うことはある。敬意

がなければどうして区別することができようか）

と答えました。孔子は相手によって適切に答えを変えています。

要するに、親は親孝行を要求するものではないというのです。

親が子供に孝行を求めると、かえって子供を不孝にすることもあります。子供が将来どうなるかは親にわかるものではありません。

だから、子供が自分の思う通りにならないからといって、それを自分の不幸だと考えるのもよくない。親の思う通りにならず、絶えず親のそばにいて親をよく養うようなことをしない子だからといって、それが必ずしも不孝な子ではない、と渋沢は父親としての体験を語っています。

渋沢自身は、日本のために働きたいという志を立てて以来、親の手から離れて勝手に動いてきました。父親は渋沢の志を聞いたとき、その決意が固いのを見てとると「おまえはないものと諦める。今日限り、親子ともどもそれぞれ好きな道を進むことにしよう」といい渡しています。

親が自分を無理に親の思い通りにしようとせず、広い心で対してくれたから自分は思うままに進むことができた。そう考えると、孝行というのは親がさせてくれるものなのではないか。子供が自分の志を立てて、親を喜ばせる方向へ行けば、それが孝行になるのではないか、と渋沢はいうのです。

この渋沢の考え方は今では常識になった感があります。昔は、子は親の跡を継がなければならないという面がありましたが、今は子には子の人生があるという考え方に変わってきています。それをありがたいと感謝し、自らの選んだ道で精一杯尽くすことが親孝行になるというのが、渋沢の考える「孝」なのです。

2 師弟の関係を強くする教育改革が求められている

昔の青年は意気があり、抱負があって今の青年より遥《はる》かに偉かった。それに比べて今の青年は軽薄で元気がない――いつの時代にもこうした意見があるけれど、一概に親が自分を無理に親の思い通りにしようとせず、広い心で対してくれたから自分は思うままに進むことができた。そう考えると、孝行というのは親がさせてくれるものなのではないか。子供が自分の志を立てて、親を喜ばせる方向へ行けば、それが孝行になるのではないか。

そうともいえないのではないか、と渋沢はいいます。

昔の少数の偉い青年と、今の一般青年を比較するのはあまり意味がない。今の青年にも偉い人はいるし、昔の青年にも偉くない人がいた。とくに、維新の前には階級の差があり、同じ武士でも上士と下士の差があった。田舎でも地主と庄屋と水呑み百姓では差がある。そういうわけで、簡単に比較することはできないものだ、と。

確かに江戸時代には町人百姓でも、大町人や庄屋の家の子は漢学を習いましたが、普通の人は読み書き算盤どまりでした。学問ができる層がごく少数に限られている時代には、突出して偉い人が生まれたように見えやすいのです。

また、教育の方針も昔は少数の偉い人を育てる天才教育でしたが、今は多数の者を平均して啓発する常識的教育に変わっています。前者のほうが、偉人豪傑が出やすい環境にあったというわけです。

師弟関係もまた、変わってきています。

昔はよい先生を選ぶのが難しかったのです。たとえば熊沢蕃山《ばんざん》は中江藤樹《とうじゅ》のもとに行って門人になりたいと申し出たものの断られ、三日間その軒先を離れず、ようやく弟子にしてもらったという話があります。それほど熱心に求めた師であるがゆえ、熊沢蕃山は中江藤樹を心から尊敬しています。

しかし、現代の師弟関係はまた違います。

今の青年は自分の先生を尊敬していない。生徒は、あの先生は話が面白いとか、あるいは講義が上手いとか下手だとか、あたかも教師を落語家か講談師のように評価している。昔はそうではなかったと渋沢は嘆いています。

これは渋沢自身が分析しているように社会が違うということでしょう。昔は生徒が先生を選んで弟子入りを申し出ました。ゆえに本当に先生を尊敬したのです。ところが今は、学校に入ったらそこに先生がいるのですから、これは格段の違いです。

私が学生の頃は、もちろん学生が先生を選んで学校に入るという時代は終わっていました。それでもまだ大学紛争が起こる前は、先生の家に訪ねていって断られることはありませんでした。しかし今は、先生の家に遊びに行くということ自体がなくなっています。すっかり時代が変わってしまったのです。

それどころか最近の大学では、教授が一年間で何を教えるかを事前に学生に報告して、一回でも休んだら必ず補講をし、しかも授業に対して学生が評価をするというところまでいっています。

面白い、面白くないといったレベルではなく、生徒が先生を判断し、それが先生の評価へと反映される時代になってきているのです。先生はサービス業になってしまっています。いいか悪いかは別として、アメリカ的な教育の方向に流れているのが現状です。

果たして渋沢栄一がこの現状を見たらなんといったかと、思わざるを得ません。

その一方で、最近は個人で塾を開いて生き方も含めた教育を行うという面白い現象も出てきています。たとえば今の世の中で渋沢が若い人を集めて定期的に話をするような場があれば、それは渋沢塾と呼ばれ、そこでは渋沢栄一の哲学をじっくり学ぶことができるわけです。すると、そこに集まってくる人たちは渋沢を本当に尊敬して話を聞くに違いありません。

そういう新しい流れも出てきているので、今後の教育は、組織的に勉強する方向と個人的に集まって勉強をする方向の二つの道が並立する時代になるかもしれません。つまり、制度が整っていく方向と、整ったために欠けてしまったものを補う方向の両方の道が出てくるのではないかと考えられます。それはそれで興味深いことであると思うのです。

塾と学校を同列に置くという考え方もある

師弟関係についていえば、孔子は弟子が三千人いたといわれますが、実際に孔子の教えを受けた数は七十二人くらいではないかと渋沢はいいます。そのくらいの人数であるから、孔子の人格に直接にふれることができ、深く感化されたのであろうと。

日本でも、徳川時代には、まだ先生と生徒の絆《きずな》が強かったのです。

先に名前を挙げた熊沢蕃山は気位が高く、備前侯に仕えて師として尊敬され、政治をとったほどの人物ですが、その人が中江藤樹の前では子供のようになりました。あるいは新井白石は剛情で、智略、才能、気性ともに稀有な人物でしたが、師である木下順庵には完全に服従していました。

明治以降は教育制度的にそういう師弟関係は結べなくなってしまったのです。これは国民全体の教育水準を上げる必要もあったし、ある程度やむを得ないことだったと思います。

ただ、イギリスはちょっと事情が違います。一九六〇年代から七〇年代にかけての大学紛争の時代、世界中の大学は荒れに荒れましたが、イギリスのオックスフォードやケンブリッジは荒れませんでした。

なぜかというと、カレッジ制度であったからです。カレッジとは生徒数がせいぜい数十人という単位の学校で、学生は寄宿舎で生活し、先生も学生の暮らす寮の近くに住んでいます。師弟の距離が近いから荒れようがないのです。

渋沢はイギリスの師弟の関係は日本のものよりもいいのではないかといっていますが、それは正しい意見であると私も思います。

だからもし今後の日本で教育改革をするならば、先に挙げた塾のように、師弟の関係を密接にするような方向に進むのが望ましいと考えています。それを文部科学省が邪魔しないことが重要でしょう。

たとえば塾に通っても学校に通っても同じように単位を与えるようにすれば、子供の中には自ら先生を選んで塾に行く子も出てくるでしょう。

学校という制度内の改革ではなく、もう一つ別の道をつくるという改革も考えていいと思うのです。むしろそのほうが、不登校やいじめといった問題も解決しやすくなるのではないかと思うのですが、どうでしょうか。

3 優れた女性教育が優れた人材を生み出す

渋沢栄一はまだ女性に対する教育がそれほど重視されていなかった時代に、すでに女性教育の重要性を説いています。

善良なる婦人からは善良なる子供が生まれ、優れた婦人の教育によって優秀なる人材ができるといい、その例として、ワシントン、孟子、楠正行《くすのきまさつら》、中江藤樹などの母を挙げて女性教育の重要性を述べています。

日本では、明治以前の女子教育はもっぱらシナ思想から取っていました。そのため、貞操、従順、優美、忍耐といった教えばかりでした。精神的な教育が主で、知識を学ぶことは勧めなかったし、教えなかったのです。

数年前に、大臣が「女性は産む機械」といって問題になりましたが、かつてはそういう意識が強く社会にあったと渋沢はいいます。

しかし、「女子も社会を構成する上において一半を負って立つ者なのだから、今後は男子同様重んずるべきである」というのです。

シナの先哲も「男女室に居《お》るは大倫《たいりん》なり」といっています。これは女子も結婚して社会の一員であり、国家の一員であることを意味しています。そうであれば、旧来の侮蔑的観念を捨て去って、女子も男子同様の才能智徳を与え、ともに助け合って事業に取り掛かれば、従来の倍の人数を活用できるではないか、と渋沢はいうのです。

今はどうなっているかといえば、おおむね渋沢の考えた方向に進んでいるといっていいでしょう。私の観察するところでは、むしろ男子よりも女子のほうがより多く教育機会を与えられているという印象さえ受けることがあります。

生涯仕事を続ける女性も増えていますし、これは渋沢の期待通り、大いに変わっている部分でしょう。

ただし、女性の社会進出が進んだことで出生率が危険なところまで低下するという事態までは予見できなかったようですが——。

4　わかりやすく面白い話で心を磨く心学を活用せよ

教育についてふれたこの章の終わり近くになって、渋沢は突如として「心学」という言葉を持ち出しています。心学は徳川幕府の中頃、ちょうど八代将軍吉宗の頃から始まったもので、神儒仏の三道の精神を合わせて平易な言葉を用い、通俗な比喩を挙げて実践道徳の鼓吹に努めたものである、と渋沢は説明しています。

石門心学の創始者である石田梅岩の言葉では、心学とは人間の持っている心という玉を磨くための学問であり、そのために神道でも儒教でも仏教でもかまわないから、いいものを使って磨けばいい、というものでした。要するに、方法を問わず、ただ心を磨き高めることを目的に掲げた学問なのです。

その心を磨く話として、渋沢は中沢道二の『道二翁道話』と題される本の中にある近江の孝行の人と信濃の孝行の人の話を紹介しています。こんな話です。

近江の国に有名な親孝行の人がいた。その人が信濃の国にも有名な親孝行な人がいると聞いて、本当の親孝行とはどういうものかを知りたいと思って会いに行った。その人の家を昼過ぎに訪ねると老母が一人だけいた。「息子さんは?」と尋ねると「山へ仕事に行っている」というので、待たせてもらうことにした。

夕暮れ方になると、薪を背負って息子が帰ってきた。奥から様子をうかがっていると、「荷物が重くてしょうがないから手伝ってくれ」と母親に手伝わせている。また、足が泥で汚れているから足を洗ってくれだの、やれ足を拭《ふ》いてくれだの、さまざま勝手な注文ばかりする。

それにとどまらず、こともあろうか「足がくたびれたから揉《も》んでくれ」といって、老母に足まで揉ませている。しかし、老母は嫌な顔一つしないで息子のいうままにしている。

母親が近江から来客が来ていることを息子に告げると、信濃の孝行の人が近江の孝行の人の待つ部屋へやってきた。挨拶して訪問の理由を話しているうちに、晩飯の御膳が出てきた。すると信濃の孝行息子は老母に給仕をさせ、味噌汁が辛いとか、御飯の炊き加減がどうとか小言ばかりいう。

ついに見かねた近江の孝行息子はこういった。

「あなたが天下に名高い親孝行だと聞いてはるばる近江より孝行修行のために来たのだが、先刻から様子をうかがっていると、あなたはお母さんを少しも労《いた》わろうとしないばかりか、お母さんのつくってくれた食事に文句をいっている。これでは親孝行どころか親不孝ではないか」

すると信濃の孝行息子はこう答えた。

「孝行をしようとしてする孝行は真実の孝行とはいわない。私が年老いた母に足を揉ませたり小言をいったりするのは、母が山仕事から帰ってくる自分の身を案じて、疲れているだろうと気を使って親切にしてくれるので、その親切を無にしまいとして足を揉んでもらっているのだ。

またお客さんをもてなすについては、定めし不行届で息子が不満足だろうと思ってくださるものと察するから、その親切を無にしないために小言をいっているのである。そのようになんでも自然に任せて、母の思い通りにしてもらっているところが、私が孝行息子といわれるゆえんかもしれない」

この答えを聞いた近江の孝行息子は大いに悟り、孝行のための孝行をしてきた自分にはまだまだ至らない点があったと気づくのである。

こういう話を使って親孝行の本質を教えていくのが心学というものです。わかりやすく、また面白く学べるので、心学は庶民にも広く受け入れられました。

道徳の大切さを説く渋沢が心学に興味を持ち、面白いと思うのは当然でしょう。むしろ私は、心学こそ渋沢栄一の考えと、ある意味では『論語』以上に合致する学問だったのではないかと思っています。

5 職のない時代に必要とされる〝覚悟〟と〝志〟

経済に需要と供給の原則があるように、実社会で活動している人間にもこの原則は適用される、と渋沢はいっています。

つまり、社会における事業には一定の範囲があるから、そこで必要とされる人数にも限りがあって、それ以上は不要になります。ところが、人のほうは年々歳々たくさんの学校で養成されるから、供給過剰になって、とてもそのすべてを満足させるように使い切ることはできない、というわけです。

しかし、実際のところ社会にはいろいろな人間が必要とされます。

会社の社長となる人間も必要であれば、車を引くような人間も必要である。人を使う立場の人間はそれほど多く必要とされないけれど、人に使われる人の需要は無限にある。したがって、人に使われることを嫌がらずに仕事を探すならば、仕事はいくらである、と渋沢は述べています。

ところが問題なのは、高級な学校を出た人が自分は人を使う場合になろうと志しているところにある、というのです。

彼らは高学歴を身につけたのだから人の下につくなど馬鹿らしいと考えている。教育もその意義を取り違え、詰め込み教育で画一の人間ばかりつくっている。そういう人間は精神修養を積んでいないから人に屈することを知らず、気位ばかりが高くなっていく。それが供給過剰で仕事にあぶれる人が出る原因である、と。

だから学生も使われる側の人物になることをよしとすれば、仕事がないなどということはないのだというわけです。

この点に関しては昔のほうがうまくいっていたのではないかと渋沢はいっています。というのは、学生がそれぞれの長所を生かす方向に進み、十人十色の人間が出るような教育制度であったからです。

その結果、秀才はどんどん上達して高尚な仕事に進み、能力が不足していた者はむやみに高い希望を持たずに使われることに安んじて使われていました。

ところが今の学生は、自分の才不才、適不適をわきまえず、彼も人なり我も人なりで、彼にできるなら自分にも同じような仕事ができるはずだと思い込んで、使われる仕事に甘んじる人が少ないという傾向にある。百人中一人の秀才を出すのではなく、九十九人の普通の人間をつくる教育方針でやっているからしかたのない話だけれど、その結果として職にあぶれる者が出てくることになってしまったというわけです。

イギリスでは必ずしもそうではなく、十分なる常識の発達に意を用い、人格ある人物をつくろうとしているように見えると渋沢は観察していますが、それは本当です。今のイギリスは多少変わっていますが、渋沢の時代のイギリスでは、大学出は少数しかいませんでした。それはドイツでも同じで、そういう意味では、供給過多ということはありえなかったのです。

私がドイツに留学していた頃でも、ドイツでは大学の卒業式がなく、国家試験に通った人だけが就職するという形でしたから、大学生が職にあぶれることなど考えられませんでした。

そこで今日の日本の話です。昔ならば、自分の腕を磨き、職人としてその道のプロになった人が多かったから失業はそれほど考える必要はありませんでした。しかし今は、プロにならず、みんなが同じような学校を出てホワイトカラーとなります。一つの仕事に習熟しようという意欲も薄く、そこそこ働いて給料をもらえればいいと考える人も多いようです。

そういう人は、今日のような大不況になると職を失う可能性があります。ゆえに失業対策が必要になるわけですが、職を選ばなければ今でも仕事を得ることは可能でしょう。ただし、渋沢のいう使われる側に立つ覚悟が持てなければ、なかなか仕事は見つからないかもしれません。今の日本で「納棺師」の映画が話題になっているのは面白いことです。

どのように生きていこうとするのか、いかなる志を立てるのかが真剣に問われる時代に入ったともいえるでしょう。

第十章 ● 成敗と運命

人生の喜びは成功の先にある

1 不幸になった人には忠恕の気持ちであたるべし

「およそ業は勤むるに精《くわ》しく、嬉《たの》しむに荒《すさ》む」という言葉があります。一所懸命やればプロになるが、単に楽しんでいるだけでは長続きせず、次第に飽きてくるという意味の言葉です。

これを別の表現で上手くいったのがヒルティです。彼は「職業というものは一所懸命やれば面白くなる性質がある」といいます。つまり、プロになるのと楽しみは切り離されたものではなく、一致するものだというのです。

これを渋沢は「(業を勤むるに精しくすると)精神潑剌《はつらつ》として愉快の中に趣味なるものを発見し、この趣味よりして無限の感興を惹起《じやつき》し、感興はやがて事業の展開を来たすに至る」といっています。まさにヒルティと同じ意見です。

また運の善悪というのも、自ら努力して開拓しなければならない。運を開拓するとはどういうことかというと、人のせいにせずに、自分で工夫することだというのです。これを幸田露伴は、福の糸を引くには手から血が出るのを我慢して紐を引いていないと運が下りてこない、というような言い方で表しています。

渋沢は、自らの慈善事業として東京市養育院という貧民を収容する施設をつくりました。大正四年には、この施設に二千五、六百人を収容していたといいますから、かなりの規模です。

興味深いのは、渋沢がこの人たちを分析した結果、一部の例外を除けば多くは自業自得だといっている点です。自分で努力しなかったから貧民となったのだといっているのですが、これはなかなか厳しい見方です。

ただし、自業自得だからといって適当にあしらっておけばいいというのではありません。「そういう人を扱う場合は同情をもってあたらなくてはならない、それが忠恕の道である」といっているのです。

これは非常に重要な指摘です。今、生活保護を受けなければならなくなっている人の多くも、厳しい見方をすれば自業自得でしょう。しかし、自業自得だからしかたなく助けてやるという態度はいいものではありません。理由はどうあれ、可哀想なものは可哀想であるという忠恕の気持ち、慈愛の気持ちで接しなければならないのです。ただし、保護を受ける側にも考えるべき点があります。

当時の人は、憲法に平等なる権利が謳《うた》われているわけではなかったので、自業自得であることをみんな納得していたと思います。ところが今は、自業自得の人たちが当然のこととして自らの権利を主張しています。むしろ慈愛を与える側が何か後ろめたい気持ちになる雰囲気すらあります。これは本末転倒というものでしょう。

権利を主張する余地があるとしても、やはり施しを受ける側は「ありがたい」という気持ちを持つべきです。同時に、助ける立場にある人は思い上がらないで慈愛の気持ちを持つべきです。この両方のバランスがとれていないと、慈善は刺々《とげとげ》しいものになってしまいます。

2 目の前の成功失敗と真の成功失敗は同じものとはいえない

成功には、見た目の成功と、見た目でない成功があると渋沢はいっています。たとえば、堯でも舜でも、禹でも湯でも、周の文王でも武王でも、いずれも皇帝になったわけですから、今の言葉でいえば成功者です。彼らは聖人でありながら、成功した人でもあるわけです。

ところが、孔子は成功者とはいえません。一生のほとんどを放浪して過ごし、ほんの短い期間だけ就職しましたが、すぐに追い出されてしまいました。生前の業績はないに等しいのです。ただ最後の数年間に古典を編集して残しただけです。

ところが、それでもやはり聖賢のうちで孔子は最も尊崇されています。文化大革命以前は、曲阜《きょくふ》にある孔子廟はさすがのシナでもすこぶる丁重に保存して、善美壮厳を極めていたようですし、孔子の子孫も一般の尊敬を受けていました。

そう考えると、孔子については普通の意味の成功と失敗という範疇では語れないのではないか、と渋沢は考えるのです。

モラロジー（道徳科学）を提唱し、道徳科学研究所を創設した廣池千九郎《ひろいけちくろう》（一八六六〜一九三八）は、実際にシナに行って孔子廟を見学しています。すると、その頃のシナはどこも内戦によって荒れ果てていたが、孔子廟だけはきれいだったというのです。そこで廣池は「道徳は普遍なり」という確信を得て、モラロジーを始めたといわれます。これも孔子の影響力といっていいでしょう。

生前は成功者とは決していえませんでしたが、孔子が偉大であることは誰もが認めざるを得ません。

このように、失敗者と見えた人が死後に長く名声をとどめているケースは歴史の中にいくつも見つかります。

たとえば菅原道真と藤原時平です。この二人を比べると、太宰府に左遷された道真は今でも天神様として尊崇の対象となっていますが、道真を追放して中央のトップとなった時平のことは誰も覚えていません。

そう考えると、どちらが成功し、どちらが失敗したといえるのでしょうか。左遷をされた道真のほうがむしろ真の成功者なのではないか、と渋沢はいうのです。

あるいは、文筆言論などの精神的な方面の事業に従事する人が、生きているうちに成功したいともがくと、かえって時流におもねり、早く結果を得ようとして社会に不利益を与えてしまうこともある、と。

逆に、目の前の成功失敗にこだわらず、誠心誠意努力を尽くしていれば、たとえ失敗したように見えても失敗とはならないのです。あたかも孔子が永遠の命を得て今日世界の何百万何千万という人々に安心立命の基礎を与えているように、人心の向上発展に貢献できるようになるものです。

ゆえに、成功した失敗したと一喜一憂する必要はないのです。結果は置いて、自分の信じる道をひたすら貫き通せばいいのです。人物の評価は生きている間にだけ下されるものではない、ということなのです。

3

順境も逆境も日々の心がけによってつくられる

成功と失敗の見方とともに渋沢がユニークな見方をしているのが「順境と逆境はどのようにしてやってくるのか」という話です。

ここに二人の人がいるとします。一人は地位もなければ富もなく、引き立ててくれる先輩もない。世に立って栄達すべき要素は極めて薄いが、わずかに世に立つに足るだけの勉強はした。それで世に出たところ、その人には非凡な才能があり、身体も健全で、礼節をわきまえ、何事をやらせても先輩を安心させるように仕上げてしまう。それどころか、思った以上にやり遂げる。こういう人は、誰もが賞賛し、どこにいても成功する人です。

この人を見た世の人は彼を順境の人だと思うだろうと渋沢はいいます。しかし、その見方は間違っている。彼は順境にいるのでも逆境にいるのでもない。自分の力でそういう境遇をつくりだしたにすぎないのである、と。

さて、他の一人は生来の怠け者で、学校時代には落第ばっかりしていたのをお情けで卒業させてもらった。性質は鈍感で勉強もしないから、職を得ても上役から命じられることが何もできない。心に不満を持ち、仕事は不忠実だから、上役の受けも悪く、ついに免職されてしまった。それで自暴自棄になり、悪の道に足を踏み込んでしまったという人です。

世の中の人が彼を見たら、逆境の人というでしょう。しかし、この逆境も彼自身が招いた境遇なのだというのです。

要するに、悪人には教えても意味がなく、善人は教えなくても自分のやり方を知っていて運命を切り拓いていくものなのです。ゆえに厳正にいえば、この世には順境も逆境もない。すべてその人の心次第で決まる、と渋沢はいっているのです。

たとえば身体の弱い人が、寒くなったから風邪をひいたとか、陽気にあたって腹痛がするとかいって、自分の体質を問題にしないということがあるけれど、これは風邪や腹痛という結果が出る前に自分の身体を強壮にしておけば済む話である。平素の注意不足が自らの病気を招いた。ただそれだけのことなのに認めようとしないというのは、逆境を天のせいにしているのと同じである、と。

孟子が梁の恵王に「王、歳を罪すること無くんば、ここに天下の民至らん」といっています。不作の原因を気候不順に求めず、政治の悪かったのだと認めれば、そんな王様のいる国には多くの民がやってくる、という意味です。

ところが、不作に備えて何も対抗手段をとっていなかったのに、「今年は天気が悪いから餓死者が出るかもしれないな」などといっている王がいれば、その国から民は逃げ出してしまうでしょう。

豊作の年もあるし、凶作の年もあると予見しておくのが政治の務めです。凶作の年には餓死者を出し、豊作ならば食べていけるというのは、政治が悪い証拠なのです。名君は、たとえ凶作でも餓死者を出さないものです。

知能才幹に何一つ欠点がなく、勤勉精励な人が運悪く逆境に陥ることが絶対にないとはいわないが、ほとんどの場合は、逆境は自らの手でつくりだしているのだということを知らなければならない――渋沢はそういうのです。

4 成功失敗は懸命に努力したあとに残る粕のようなもの

世の中には悪運が強くて成功したように見える人がいます。しかし、人を見るときに、単に成功失敗だけを基準にするのは根本的に間違っている。なぜならば、成功や失敗は一所懸命努力したあとに残る粕《かす》のようなものだからだ、と渋沢はいいます。

さらに、多くの人は失敗や成功ばかり気にかけて天地間の道理を見ていない。残り粕に等しい金銭財宝ばかりを見て、お金が貯まった人は成功者、貯まらなかった人は失敗者といっているだけなのだ、と。

そんなことを気にするよりも、人はただ人としての務めを全うするように心がけることが重要です。

広い世界を見れば、成功すべくして失敗した例はいくらでもあります。知者は自ら運命をつくるといいますが、運命のみが人生を支配するものではありません。そこに智恵がともなって、初めて運命も開拓できるのです。いかに善良な君子でも、知力が乏しくていざという場合に機会を踏み外したら成功はおぼつきません。

渋沢はそういって、秀吉と家康を比べています。

「もし秀吉が八十歳まで生きて家康が六十歳で死んでいれば、豊臣氏の治世が長く続いたかもしれない。しかし運命は徳川氏を助け、豊臣氏に禍《わざわい》した。

しかし考えてみれば、豊臣氏が愚かで徳川氏が賢かったわけでもないだろう。徳川氏が長きにわたる泰平の天下を築き上げたのは、むしろ運命のしからしむるところであったのではないかと判断する。運命に乗ずるだけの智力が家康にはあって、運命をうまくとらえたのである」と。

だから人は誠実に努力して、運命を開拓するのがいいというのです。それで失敗したら智力が及ばなかったためと諦め、うまく成功したら智恵が活用されたと思って、成功失敗にかかわらず、結果は天命に任せるほうがいいのです。

たとえ敗れたとしても、あくまで努力を続けるならば、いつか幸運に再開する日が来る。道理は天における日月のごとく運行するものであるから、道理にそって事をなす者は必ず栄え、道理に背くものは必ず滅びると確信する、と渋沢はいっています。

一時の成敗《せいはい》は長い人生にあっては泡みたいなもの。その泡に憧れて道徳を無視するような者が多いようでは、国家の発達進歩も思いやられる。そのような浮薄な考えは捨て去って、社会の中で道理に基づいて堅実な生活を送ることであるというのです。

道理にそって生きるのならば、成功失敗に一喜一憂するのではなく、もっと価値のある生涯を送ることができる。成功は人間としての務めを完成したときに生ずる残り粕なのだから、意に介することはないだろう、と。

日本に冠たる大成功者である渋沢栄一は、『論語と算盤』の最後をこのように結んでいます。

成功してもそれほど喜ぶことでもない。むしろ、成功そのものは残り粕のようなものであるという謙虚な気持ちを持つべきである。それよりも、正しい道にそって生きてこられたことを誇りに思えばいい。

あるいは、正しい道にそって一所懸命に努力した結果が失敗であったとしても、腐ることなく精進を続ければいい。そうすれば必ず日の目を見るときがやってくるであろう。道を外れて失敗したのなら、それは自業自得だからしかたない。心根を改めてやり直すしかないだろう、と。

もっといえば、天の道理にそって努力する者は成功する確率が極めて高いということでしょう。ゆえに、成功失敗の是非善悪を論ずるよりも、まず誠実に努力するべきなのです。そうすれば、公平無私なる天は必ずその人に福を与え、よき運命を開拓するように仕向けてくれるのです。

エピローグ

渋沢栄一は明治維新以後の近代日本の実業界をつくりあげる心柱《しんばしら》になった大人物です。しかし、どちらかというと戦後は忘れ去られた感があり、それほど人目を引く存在ではありませんでした。ところが最近、急に大きな関心を集めるようになってきています。

その一つのきっかけは、中国における孔子ブームです。実質的な資本主義の導入により、中国経済は急速に発展を遂げる結果となりました。その一方で、拝金主義が横行し、道徳的な退廃が見過ごせない状態になってしまいました。それを問題視した中国共産党政府は道徳の立て直しに着手し、その手立てを『論語』に求めたのです。

これは驚くべき事態です。というのは、かの政府は長らく「批林批孔《ひりんひこう》」と称して、林彪《りんぴょう》（毛沢東の後継を狙い批判され対立、のち毛沢東暗殺を企てて失敗し、逃亡中に飛行機事故で死亡した）と孔子、およびその学問である儒教を徹底的に批判したからです。とくに孔子と儒教の否定は徹底しており、各所に祀《まつ》られていた孔子像を破壊し尽くすまでに及びました。

その同じ政権が、手のひらを返すように孔子を礼賛し、世界中に孔子学校（ドイツのゲーテ・インスティトゥートを真似したのでしょう）までつくりはじめたのです。同時に共産党政府は「大国崛起《たいこくくっき》」というスローガンを掲げ、世界中から模範とすべき偉人をピックアップして並べました。

その中に日本からただ一人挙げられたのが渋沢栄一だったのです。

なぜ渋沢栄一が選ばれたのか。その理由は非常に簡単で、渋沢栄一が『論語と算盤』を書いているからです。この本の中で、渋沢は「論語」＝道徳と、「算盤」＝経済を両立させる必要性を説きました。この考え方が、経済の行きすぎで道義が廃れてしまった今の中国にとって、まさに望むべき形であったのです。ゆえに、渋沢は尊敬すべき日本人に選ばれたのです。

そういう状況をも踏まえ、日本でも商工会議所が『論語と算盤』を完全復刻しようという計画を立て、そこに私もかかわることになりました。しかし、大正五年に出版された『論語と算盤』初版の初刷本はついに見つかりませんでした（今もなお見つかっていません）。かろうじて初版二刷が早稲田大学にあることがわかったため、この二刷のものを定本として使い、元の本と同じ装丁で複製したものを約千部つくったのです。

この本は市販されませんでしたが、現在市販されている本としては、昭和六十年に国書刊行会により刊行されたものと、昨秋、角川学芸出版から出た文庫版の『論語と算盤』があります。本書の執筆にあたっては、国書刊行会版を参考にさせていただきました。

今、我々が『論語と算盤』を読むときは国書刊行会版で十分だと思われますが、この本は文献学の専門家が編纂したわけではないらしく、「あとがき」を見ると初版刊行が昭和三年となっています。これはもちろん大正五年の誤りです。

また、渋沢栄一はチャイナを「支那」と記していますが、この本では「中国」と表記しているなど、原本との違いが散見されます。

さて、書名となった「論語と算盤」という言葉は、「経済と道徳」と同義です。ここまで見てきたように、この両者を並立させることが渋沢の商業に対する根本精神だったのです。

その底流となる精神の重要性は今も昔も変わりません。いや、それどころか、サブプライム問題の余波で百年に一度ともいわれる大不況が世界を覆っている現在、渋沢栄一が口を酸っぱくして主張し続けた「道徳ある経済」という考え方は、最も重要な主張になってきています。「論語と算盤」こそ、これからの経済ルールの中心となるべき哲学であると確信します。

その意味で、今こそ真剣に渋沢栄一の主張に向き合わなくてはならないと私は思っています。

渋沢栄一の哲学を理解し、それを我々が日常で実践したとき、日本は再び、世界から尊敬される真の経済大国の座を占めることができるのではないでしょうか。

〈著者略歴〉

渡部昇一（わたなべ・しょういち）昭和5年山形県生まれ。30年上智大学文学部大学院修士課程修了。ドイツ・ミュンスター大学、イギリス・オックスフォード大学留学。Dr.phil.,Dr.phil.h.c. 平成13年から上智大学名誉教授。幅広い評論活動を展開する。著書は専門書のほかに『歴史に学ぶリーダーシップ』『幸田露伴の語録に学ぶ自己修養法』『渋沢栄一 男の器量を磨く生き方』『修養こそ人生をひらく――「四書五経」に学ぶ人間学』『上に立つ者の心得――「貞観政要」に学ぶ』『四書五経一日一言――志を高め運命を高める』『ローマの名言一日一言――古の英知に心を磨く』（いずれも致知出版社）などがある。

渋沢栄一『論語と算盤』が教える
人生繁栄の道

平成二十一年三月三十一日第一刷発行
令和三年五月十日第三刷発行

著者 渡部昇一
発行者 藤尾秀昭
発行所 致知出版社
〒107-0062東京都渋谷区神宮前四の二十四の九
TEL（〇三）三七九六―二一一一
印刷 ㈱ディグ 製本 難波製本
落丁・乱丁はお取替え致します。 （検印廃止）

ISBN978-4-88474-845-6 C0034
ホームページ https://www.chichi.co.jp
Eメール books@chichi.co.jp